U0929729

"国家数字复合出版系统工程09包"成果

# 企业合伙与股权设计实战指南

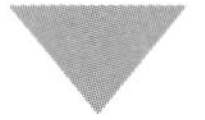

刘　恩◎著

如何避免合伙纠纷？

如何用股权融资融智？如何提升员工的凝聚力？

北　京

图书在版编目（CIP）数据

企业合伙与股权设计实战指南 / 刘恩著 .-- 北京：中国经济出版社，2021.3

ISBN 978-7-5136-6419-6

Ⅰ. ①企… Ⅱ. ①刘… Ⅲ. ①合伙企业 – 股权管理 – 指南 Ⅳ. ①F276.2

中国版本图书馆 CIP 数据核字（2021）第 024968 号

责任编辑 王 建
责任印制 巢新强
封面设计 任燕飞

出版发行 中国经济出版社
印 刷 者 北京力信诚印刷有限公司
经 销 者 各地新华书店
开 本 710mm × 1000mm 1/16
印 张 17
字 数 197 千字
版 次 2021 年 3 月第 1 版
印 次 2021 年 3 月第 1 次
定 价 68.00 元
广告经营许可证 京西工商广字第 8179 号

中国经济出版社 网址 www.economyph.com 社址 北京市东城区安定门外大街 58 号 邮编 100011

本版图书如存在印装质量问题，请与本社销售中心联系调换（联系电话：010-57512564）

# 前言

《企业合伙与股权设计实战指南》从当下市场的发展趋势出发，围绕股权合伙、股权众筹及股权激励等3个方面，对合伙人股权机制进行了较为全面的分析，给想要了解股权知识的朋友提供了很好的帮助。这是一本内容比较完整的股权机制实战指南图书。

本书共分三部分。第一部分为股权合伙，从4个方面详细介绍了股权合伙的方式、方法，并用真实案例从正反两方面辩证地分析与阐述了中小企业如何更好地进行股权合伙操作。具体内容包括如何寻找合伙人、如何设置合伙人股权的比例、如何把握合伙人股权与职权的平衡，以及如何设计合伙人股权的退出机制等诸多方面。

第二部分为股权众筹，从众筹模式、众筹案例分析及高效众筹方式等方面将股权众筹尽可能完整地呈献出来，让大家在阅读的时候有更加完善的体验。

第三部分是股权激励，从案例入手，详细地介绍了股权激励的概念、股权激励应该如何进行、企业如何实施股权激励才能实现利益最大化，并且根据案例介绍了多种实战方式。

本书条理清晰、案例典型，无论是久经市场的老手，还是初入市场的新人，相信在阅读过此书以后，都能有所获益。

刘恩

2021年1月8日

# 目录

## 第一部分　股权合伙

## 第二部分　股权众筹

# 第三部分 股权激励

# 第一部分　股权合伙

企业运营管理历来是一个不断优化升级的过程，无论是在古代社会还是在现代社会，管理模式在企业运作过程中都有着举足轻重的地位。

随着社会的不断进步，企业的管理模式也在不停变换，其中就包括股权合伙的管理方式。

股权合伙的含义可以分为两个部分加以解释：一是股权，二是合伙。

顾名思义，股权就是股东的权利。广义上的股权概念是指股东对公司的权利要求。狭义上的股权概念则是股东凭借股东资格，从公司获得经济利益，并参与公司经营管理的权利。总体来说，股权是投资者参与合伙企业和股份有限公司投资，继而得以拥有的权益。

股权是根据股东在企业中的投资份额、做出的贡献等因素分配的综合性权利。股权比例是股东分红比例的依据，同时也影响了股东在企业中的话语权。

合伙是指伙同更多的人经营公司。公司常常依靠多人协同作战来发展，这样的运作过程即为合伙。

从字面上理解，股权与合伙合二为一，便称为股权合伙。股权合伙通常有两种方式：一种是创业初期共同入股获得权利；另一种则是由股东转让获得股权。通过这两种方式产生的合伙关系，均被称为股权合伙。

# 第一章　利用股权吸引和选择创业合伙人的实战攻略

纵观中国市场，每年都有许多的创业公司诞生，如雨后春笋般层出不穷。对于创业者而言，公司创立初期的困难无疑是巨大的。要想渡过难关，就需要有战胜困难的方法，而用股权吸引并且选择创业合伙人的方式无疑是十分高效的。

本章从多角度、多方面来分析如何利用股权吸引并且有效选择合伙人，目的是为读者贡献一份利用股权吸引和选择合伙人的实战攻略。

## 第一节　合伙人的常见类型与聚集方法

本节主要介绍创业合伙人的常见类型和聚集方法。

### 一、企业合伙人的4种常见类型

企业合伙人的类型划分有很多种，其中最为常见的有4种，分别为普通合伙人、职业合伙人、有限合伙人及隐名合伙人。

对企业而言，这4种类型合伙人的性质及权利有所不同，如图1-1所示。

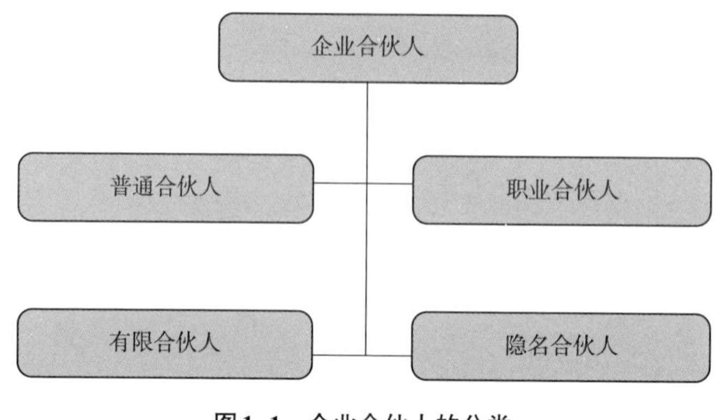


图1–1　企业合伙人的分类

1. 普通合伙人

普通合伙人是指一般的投资人，在公司中享有一定的权利，但并不享有诸多特殊权利。

2. 职业合伙人

职业合伙人的权利与责任更为复杂。首先，从合伙关系上讲，职业合伙人是合伙创业的个体。企业为职业合伙人提供全新的创业平台、全新的创业资源，最重要的是提供企业股份。

其次，从客户关系方面分析，职业合伙人与客户之间是协作关系。职业合伙人不仅可以通过帮助客户在事业上取得成功来实现自己的价值同时，还能与客户共同分享所得收益。

职业合伙人的最终目标是，实现收益的提升、个人的发展以及对社会的回馈。同时，职业合伙人还将与客户、伙伴通力协作，共同创造财富，以创新之姿建立自己的商圈。

3. 有限合伙人

《中华人民共和国合伙企业法》[①]第六十一条规定：

① 2006年8月27日，中华人民共和国第十届全国人民代表大会常务委员会第二十三次会议修订。

有限合伙企业由二个以上五十个以下合伙人设立；但是，法律另有规定的除外。有限合伙企业至少应当有一个普通合伙人。

《中华人民共和国合伙企业法》第六十三条规定：

合伙协议除符合本法第十八条的规定外，还应当载明下列事项：

（一）普通合伙人和有限合伙人的姓名或者名称、住所；

（二）执行事务合伙人应具备的条件和选择程序；

（三）执行事务合伙人权限与违约处理办法；

（四）执行事务合伙人的除名条件和更换程序；

（五）有限合伙人入伙、退伙的条件、程序以及相关责任；

（六）有限合伙人和普通合伙人相互转变程序。

《中华人民共和国合伙企业法》第六十八条规定：

有限合伙人不执行合伙事务，不得对外代表有限合伙企业。

有限合伙人的下列行为，不视为执行合伙事务：

（一）参与决定普通合伙人入伙、退伙；

（二）对企业的经营管理提出建议；

（三）参与选择承办有限合伙企业审计业务的会计师事务所；

（四）获取经审计的有限合伙企业财务会计报告；

（五）对涉及自身利益的情况，查阅有限合伙企业财务会计账簿等财务资料；

（六）在有限合伙企业中的利益受到侵害时，向有责任的合伙人主张权利或者提起诉讼；

（七）执行事务合伙人怠于行使权利时，督促其行使权利或者为了本企业的利益以自己的名义提起诉讼；

（八）依法为本企业提供担保。

根据以上法规可知，有限合伙人主要负责投入资金，既不需要参与企业的经营管理，也不需要承担无限连带责任；而职业合伙人主要负责企业的经营管理，并投入一部分资金，还需要承担无限责任。由此可见，企业里的有限合伙人所享有的权利是受到一定限制的。

**4. 隐名合伙人**

隐名合伙人是指仅对企业出资，并不参加实际经营活动的人。隐名合伙人通常能够分享企业的收益，并且仅以出资数额为限来承担相应的民事责任。从对应关系来看，出钱的人就是隐名营业人，出力经营的人则是出名营业人。隐名合伙人的案例在现实生活中有很多，且在娱乐圈中这样的案例比比皆是。以某女星为例，她所经营的几家经纪公司在供外界查看的法人代表名单中均没有自己的名字，分别为其亲属、经纪人和朋友的名字，但是主要出资方则为她本人，见图1–2。

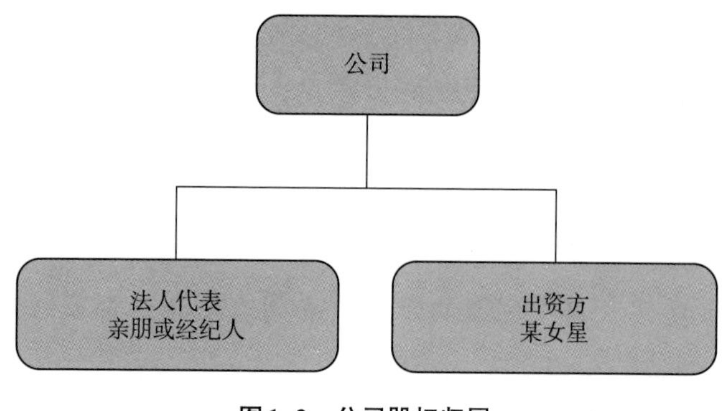


**图1–2　公司股权归属**

这样的方式，除了能为某女星的演绎活动提供诸多便利外，最大的好处是省却经营公司的时间。公司的经营由法人全权负责，某女星可获得出具资金限制下的相关收益。

## 二、防止合伙人解散的实战方法

常言道：“天下大势，分久必合，合久必分。”企业合伙人之间也常常会面临相似的问题。既然这样的情况无法避免，那么降低这类事情发生的概率则显得尤为关键。首要问题是合伙企业要遵守法律、法规，确保合伙的操作方法符合国家规定。

《中华人民共和国合伙企业法》第八十五条规定：

> 合伙企业有下列情形之一的，应当解散：
>
> （一）合伙期限届满，合伙人决定不再经营；
>
> （二）合伙协议约定的解散事由出现；
>
> （三）全体合伙人决定解散；
>
> （四）合伙人已不具备法定人数满三十天；
>
> （五）合伙协议约定的合伙目的已经实现或者无法实现；
>
> （六）依法被吊销营业执照、责令关闭或者被撤销；
>
> （七）法律、行政法规规定的其他原因。

《中华人民共和国合伙企业法》第八十六条规定：

> 合伙企业解散，应当由清算人进行清算。清算人由全体合伙人担任；经全体合伙人过半数同意，可以自合伙企业解散事由出现后十五日内指定一个或者数个合伙人，或者委托第三人，担任清算人。

自合伙企业解散事由出现之日起十五日内未确定清算人的，合伙人或者其他利害关系人可以申请人民法院指定清算人。

《中华人民共和国合伙企业法》第八十七条规定：

清算人在清算期间应执行下列事务：

（一）清理合伙企业财产，分别编制资产负债表和财产清单；

（二）处理与清算有关的合伙企业未了结事务；

（三）清缴所欠税款；

（四）清理债权、债务；

（五）处理合伙企业清偿债务后的剩余财产；

（六）代表合伙企业参加诉讼或者仲裁活动。

《中华人民共和国合伙企业法》第八十八条规定：

清算人自被确定之日起十日内将合伙企业解散事项通知债权人，并于六十日内在报纸上公告。债权人应当自接到通知书之日起三十日内，未接到通知书的自公告之日起四十五日内，向清算人申报债权。

债权人申报债权，应当说明债权的有关事项，并提供证明材料。清算人应当对债权进行登记。清算期间，合伙企业存续，但不得开展与清算无关的经营活动。

《中华人民共和国合伙企业法》第八十九条规定：

合伙企业财产在支付清算费用和职工工资、社会保险费用、法定补偿金以及缴纳所欠税款、清偿债务后的剩余财产，依照本法第三十三条第一款的规定进行分配。

《中华人民共和国合伙企业法》第九十条规定：

清算结束，清算人应当编制清算报告，经全体合伙人签名、盖章后，在十五日内向企业登记机关报送清算报告，申请办理合伙企业注销登记。

《中华人民共和国合伙企业法》第九十一条规定：

合伙企业注销后，原普通合伙人对合伙企业存续期间的债务仍应承担无限连带责任。

《中华人民共和国合伙企业法》第九十二条规定：

合伙企业不能清偿到期债务的，债权人可以依法向人民法院提出破产清算申请，也可以要求普通合伙人清偿。合伙企业依法被宣告破产的，普通合伙人对合伙企业债务仍应承担无限连带责任。

参照上述法律要求，如何才能有效避免此类情况的发生？主要从两个方面考量：一是合伙人的选择，二是分配制度的建立。

**1.合伙人的选择**

合伙人的自身素质对公司的最终走向，即是否解散所起的作用是决定性的。众所周知，创业初期如果选对了合伙人，公司的创业之路就成功了一半。

不合格的合伙人通常具备以下3个特点。

（1）惰性过强。人类普遍具有惰性，很多惰性过强又不具备天赋的人体现为自身能力不足，具体表现为动嘴不动手，理论技能满点，但从来只会纸上谈兵。所以，一旦这类人做了企业的合伙人，将会给企业带来致命打击，会导致很多计划中途夭折，甚至被扼杀在萌芽中。

（2）天赋不足。这类合伙人常常表现为虽然努力工作、努力做事，但达不到预期的目标。这样的合伙人给企业带来的不利影响是缓慢且致命的，“温水煮青蛙”式的死亡对企业而言往往令人痛心疾首。

（3）不具备领导能力。这类合伙人对企业的发展毫无用处。企业的合伙人应该是领导级别的人物，如果不具备领导其他人的能力，那么创业企业如何获得发展？企业最终的发展结果必将是失败。

如果上述3点对企业产生不利影响的比例为30%，那么不良品行因素则会占据70%。具有不良品行的合伙人大多自私自利、油头滑脑、心术不正。这类合伙人通常具备做事的能力，但是不会全心全意地做事，常常只在乎自己的蝇头小利，想方设法“捞油水”。此外，这类合伙人常常做事半途而废且缺失大局观，不在乎整体的利益，会使企业陷入艰难的境地。

综上所述，创业者在选择合伙人时，需要注意合伙人的能力及品行。

合伙人能力的强弱带给企业的变化是截然不同的，尤其对创业型企业而言，能力较强的合伙人往往会给企业的发展带来巨变。除此之外，合伙人之间的能力互补也是推动企业发展的重要因素。

如果一个创业项目的主导者是技术型人才，那么互补的合伙人则非销售型人才不可。强技术型人才带给项目的益处是单方面的，如果没有销售型人才的能力加持，项目就会因为缺少推广而不为人所知。

“格力集团”就是一个很好的示例。格力集团成立于1985年3月，是一家集研发、生产、销售等于一体的企业。在格力集团创立发展的过程中，研发团队即技术型人才的作用举足轻重，且在初期是人数占比最大的团队。

但是，随着企业的不断发展壮大和产品的不断创新，销售型人才的作用就体现出来。格力集团中有一位著名的销售型人才——董明珠，她几乎决定了格力集团一段时期的兴衰，她用切实的行动证明了销售型人才与技术型人才的结合将给企业带来怎样的巨变，结果就是格力品牌坐稳了空调界的头把交椅。

能力之外的品行是合伙人最基本的素质，在合伙创业的过程中，合伙人能做到诚实不隐瞒、正直不偏袒已成为企业成功的先决条件。因为合伙人是公司未来的领导人，决定的是公司的走向。领导人品行有问题的公司，终将会因出现更严重的问题而崩塌。

**2.分配制度的建立**

除了合伙人自身的条件以外，利益分配问题也会成为合伙人是否解散的决定因素。因此，企业为了防止合伙人解散，需要建立合理的股权分配制度。

最佳的股权分配方式是依据能力大小进行利益分配（即“大小股东制度”）。这种分配方式相比平均分配方式更公平，因为股权平均分配会造成合伙人内心失衡、心理出现落差或直接导致合伙人出现干劲丧失、效率低下等问题。

合伙人可以共同选出一个最大股东（也是能力最强者）作为企业的领导者。领导者需要有过人的头脑、令人信服的能力以及优良的品行，并且众合伙人需要赋予最大股东对争执不休的问题有较大的决断权，这样才能使企业免于陷入停滞不前的危机。

在制定大小股东制度的同时，企业还要制定与之相对应的解散制度和退股制度，以及对争执不休的问题如何解决的制度。企业应将每项制度都明确地建立在事前，确保每个人都对制度有清晰透彻的认识，以避免解散状况的发生，进而对轻言解散的合伙人进行相应的约束。

企业要对合伙人有正确严格的职责分工，确定不同合伙人之间的职责分配，减少越权处理事情的发生。在各部门各司其职的状态下，公司就能良性成长并发展下去。值得一提的是，各个部门除了专注本部门业务以外，也应当注意彼此之间的沟通，并以此为基础实现共同的愿景与目标。

综上所述，对合伙人品性的严格考查和建立分配制度，能够有效地减少或者防止合伙人解散状况的发生。当然，影响合伙人解散的因素还有很多，如环境因素、资金因素等。但是，可以通过自我反省以及约束自身就能最大限度地决定结果走向的因素，就只有合伙人的品行了。

## 第二节　寻找、选择持股合伙人的实战技巧

有人说选择合伙人需要像女人对待终身大事一样谨小慎微，因为持股合伙人确实十分重要。对初创公司来说，好的合伙人带来的效益往往是事半功倍的。如果公司是一栋在建的大楼，那么合伙人无异于“钢筋”“水泥”，是自始至终贯穿整栋大楼的“材料”。

因此，寻找及选择持股合伙人的时候，创业者或企业家一定要慎重。

那么，寻找及选择持股合伙人有哪些方法和需要注意的事项呢？本节将给出参考答案。

## 一、成为合格合伙人的2条判断标准

判断一个人能否成为合伙人，需要考量很多方面的因素，其中最需要考虑的因素有两个：第一，是否具备承担限定责任的能力；第二，是否具备较强的业务能力。

### 1.是否具备承担限定责任的能力

每名创业者在成为合伙人之前都要了解合伙人的定义，进而对“合伙人”这3个字所要承担的责任有清晰的认识，清楚地了解哪些是合伙人必须承担的责任，哪些不是合伙人必须承担的责任，以及各自的程度是多少。

在拥有上述前提的基础上，一个人才具备成为合伙人的资格。对初创企业来说，公司所面临的一个很大问题就是正在面对或者即将面对的风险。

众所周知，公司在获取巨大利益的同时，必然要面对相应的巨大风险，这时就需要有人共同承担这些风险，这自然就是获取了相应利益的合伙人。此类风险是合伙人应该承担责任的一种，诸如此类的责任还有很多。《中华人民共和国合伙企业法》中对合伙人的责任及义务有明确说明。

> 第二十二条　除合伙协议另有约定外，合伙人向合伙人以外的人转让其在合伙企业中的全部或者部分财产份额时，须经其他合伙人一致同意。
>
> 合伙人之间转让在合伙企业中的全部或者部分财产份额时，

应当通知其他合伙人。

…………

第二十五条　合伙人以其在合伙企业中的财产份额出质的，须经其他合伙人一致同意；未经其他合伙人一致同意，其行为无效，由此给善意第三人造成损失的，由行为人依法承担赔偿责任。

第二十六条　合伙人对执行合伙事务享有同等的权利。

按照合伙协议的约定或者经全体合伙人决定，可以委托一个或者数个合伙人对外代表合伙企业，执行合伙事务。

作为合伙人的法人、其他组织执行合伙事务的，由其委派的代表执行。

…………

第三十条　合伙人对合伙企业有关事项作出决议，按照合伙协议约定的表决办法办理。合伙协议未约定或者约定不明确的，实行合伙人一人一票并经全体合伙人过半数通过的表决办法。

本法对合伙企业的表决办法另有规定的，从其规定。

…………

第三十三条　合伙企业的利润分配、亏损分担，按照合伙协议的约定办理；合伙协议未约定或者约定不明确的，由合伙人协商决定；协商不成的，由合伙人按照实缴出资比例分配、分担；无法确定出资比例的，由合伙人平均分配、分担。

合伙协议不得约定将全部利润分配给部分合伙人或者由部分合伙人承担全部亏损。

…………

第四十四条　入伙的新合伙人与原合伙人享有同等权利，承担同等责任。入伙协议另有约定的，从其约定。

新合伙人对入伙前合伙企业的债务承担无限连带责任。

…………

第四十九条　合伙人有下列情形之一的，经其他合伙人一致同意，可以决议将其除名：

（一）未履行出资义务；

（二）因故意或者重大过失给合伙企业造成损失；

（三）执行合伙事务时有不正当行为；

（四）发生合伙协议约定的事由。

对合伙人的除名决议应当书面通知被除名人。被除名人接到除名通知之日，除名生效，被除名人退伙。

被除名人对除名决议有异议的，可以自接到除名通知之日起三十日内，向人民法院起诉。

具备承担上述责任能力的合伙人，才有可能给公司发展带来无限的可能。这无疑从侧面证实了为何相关责任的承担与否，能够成为合伙人的考核标准之一。

**2. 是否具备较强的业务能力**

承担责任的能力是考核合伙人的一个方面，另一个重要的考核标准是业务能力，同样是重中之重。

对任何公司企业来说，具有超强业务能力的合伙人能极大促进公司的发展；而业务能力较弱的合伙人，给公司带来的收益即便不是负增长，也绝不会是令人满意的结果。

因此，在选择合伙人的时候，需要对合伙人的业务能力进行相应测试。以《德邦快递的合伙人招聘准则》为例，在对合伙人的4项要求中（见图1–3），有3项都是针对业务能力的，详情如下：

1.认可德邦

认可德邦的企业文化、经营理念和管理模式，执行德邦的管理体系。

2.熟悉市场

熟悉当地市场，具备一定的经济实力，具有管理团队的经验和思路，有良好信誉、认真务实的事业态度。

3.自身素质

具备一定的抗风险能力和良好的团队协作精神。

4.硬件要求

具备相应的操作人员、场地、转运车辆、软硬件设备，能够按照德邦要求统一装修，保护德邦品牌形象。

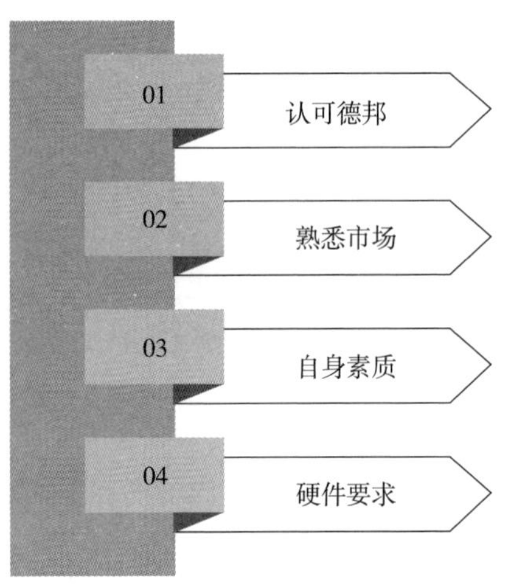


**图1–3　德邦对合伙人的4项要求**

由上述可知，德邦快递除了第一项是对企业文化的要求以外，其余3项皆为对合伙人业务能力的要求。

首先，熟悉市场。市场对德邦快递来说是极为重要的，作为一家快递公司，虽然大面积覆盖市场十分重要，但能够把控市场则更加重要，熟悉市场无疑是对市场更加全面把控的前提。对于一名持股合伙人来说，这样的要求即是对其业务能力的要求。

德邦快递除了提及要熟悉当地市场之外，还要求合伙人具有管理业务的能力，甚至还要求工作态度认真务实。这些要求无一不是其希求合伙人具有业务能力的证明。

其次，德邦快递对合伙人的自身素质也有一定要求。在这一要求下，德邦快递着重提到了希望合伙人具有抗风险的能力和较好的团队协作精神，这两点同样也是对合伙人业务能力的期待。

最后，德邦快递提到了硬件方面的要求，介绍中详细说明了其希望合伙人能够有较好的场地设施等条件，这也从侧面说明合伙人需要有控制场地、设备、环境的能力，才能胜任德邦快递合伙人的角色。

从上述德邦快递的要求中可以看到，一家快递公司对合伙人的业务能力有诸多渴求，因此也不难看出合伙人的业务能力对于公司的重要性。

综上所述，同时具备以上两项能力的合伙人候选者，才有能力领导企业走向更高层次的发展。

## 二、创业者寻找合伙人的4条通用路径

当今网络时代，在很大程度上限制了单人闯天下的可能，越来越趋向于多人合作的模式。因此，“合伙人”这个词越来越被大家所注意，与合

伙人合作的重要性在公司发展过程中也越发突出。

对创业公司而言，好的合伙人、好的合作方式能给公司带来长足的发展，能使公司更好地存活。如今的商业模式日新月异，一个人的力量终究是有限的。而合伙人模式则不同，好的合伙人能够确保团队的多样性，能使公司迅速发展。

那么，创业者可以通过哪些途径来寻找合伙人呢？总结起来大致有4条可行途径：同好吸引、线下社交、互联网搜罗及在人脉圈中寻找，如图1–4所示。

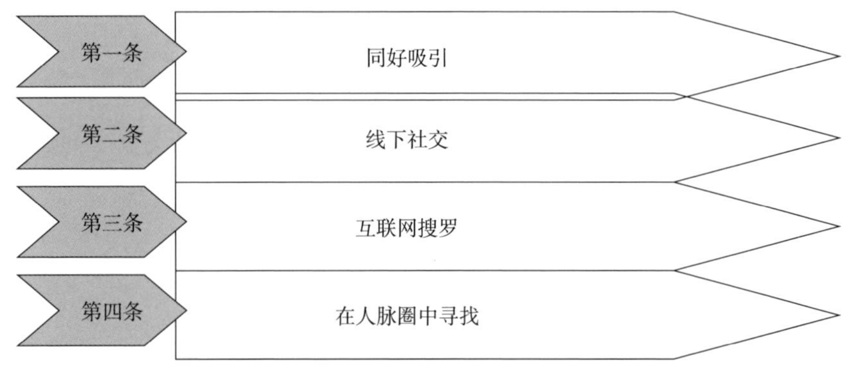


**图1–4　寻找合伙人的4条可行途径**

### 1. 同好吸引

同好吸引的前提是创业者了解自己，清楚创业的方向，了解自己对合伙人类型的需求，通过自身展示的属性去吸引与自己志同道合的人。

如何了解自己，最重要的一点是将自己的创业方向与自身的能力相结合，对大致的发展方向有一定的预估，清楚地认识自己的能力会达到怎样的高度。只有全面地认清自己，才能更好地将自己宣传出去。

宣传自己就意味着需要借助各方面的工具为自己做营销，有了上述内容为前提，营销自己就言之有物，在宣传和包装时就能够让别人注意到自己的与众不同之处。

多方渠道宣传自己，将自己的创业想法营销出去，并由此来吸引与自己志同道合的人，这样就达到了同好吸引的最终目的。

**2. 线下社交**

线下社交，即通过社交的方式寻找合伙人。因此，聚会、郊游、行业交流会等方式就成了创业者很好的社交渠道。

通常而言，聚会是结识新朋友的重要方式之一，大多数人拓展圈子都是从聚会开始的。聚会中常常会有意想不到的收获，即找到合适的创业合伙人。很多时候，朋友的朋友也会和自己有很多相似的属性，这些属性会成为相处合拍的一大因素。重视这样的交集，说不定创业者就会找到合适的合伙人。

以制造业的圈子为例，奶制品两大龙头“蒙牛”与“伊利”可谓渊源极深。蒙牛前总裁最初只是伊利的一名洗奶瓶工人，摸爬滚打十几年后一路升到副总裁的位置，其间所进行的线下社交活动后来为他创造巨大的财富起到了重要作用。当被伊利辞退以后，他创立了蒙牛这个品牌，并且与通过社交活动结识的人一起合作，将蒙牛乳业发展壮大。如今，蒙牛与伊利的实力已不相上下。

所以，通过线下社交的方式创业者也会找到属性相合的合伙人，为创业之路积蓄力量。

**3. 互联网搜罗**

日新月异的当今社会，互联网成为人们交流的重要工具，并日渐成为新时代的主宰，各行各业都离不开互联网，而且在未来很长一段时间都不会被取代。因此，寻找合伙人的时候自然也少不了互联网搜罗这一重要途径。

互联网搜罗的便利性不言而喻，各种平台软件数不胜数，当然也少不了寻找合伙人相关的软件，诸如“爱合伙”“缘创派”“乌鸦部落”等都是找寻合伙人最直接的平台。

除此之外，创业者还可以选用其他软件，如用社交软件通过聊天沟通的方式了解一些陌生人。虽然这种了解可能需要花费较长的时间，但是能更加深入地了解合伙人的属性是否与自己相符，而且一旦找到合适之人，契合度就会非常高，进而为创业提供了稳定支持。

**4.在人脉圈中寻找**

在人脉圈中寻找合伙人是可行性最高的方法之一。人脉圈本身就是一个能够不断扩大、不断升级的圈子，很多人的人脉圈会因个人的努力而向有利的方向加速扩展，进而为自身提供结识更优秀人才的机会。

人脉圈建立后，随着人脉圈的扩大，创业者可通过人与人的交集结识志同道合的人。除此之外，人脉圈还可以联系曾经熟识但是已失去交集的老友，老友的珍贵性不言而喻。一位志同道合的老友会更加值得信任，对创业的益处更大。

以“华农兄弟”为例，作为合伙创业的典型代表，其创始人刘苏良与胡跃清二人便是旧识。二人曾是初中同学，刘苏良初中毕业后外出打工，漂泊几年后回乡养殖竹鼠。在此期间，胡跃清同其他人拍摄“三农”视频，但并未在网络上掀起太大的水花。

胡跃清通过人脉圈辗转找到了刘苏良，表达了自己想要拍摄竹鼠视频的想法，两位老友一拍即合，于是开始了合作创业之路。二人共同养殖竹鼠，一人出境、一人拍摄，上传视频后立即引起了巨大反响，获得了广大网友的喜爱。

诚然，华农兄弟的成功有多方面的原因，如优秀的视频质量、可取的视频创意等。但不可否认的是，合伙人的正确选择是他们成功的主要因素，所以通过人脉圈选择合伙人也是一种不错的方式。

综上所述，创业者寻找合伙人的时候，既可以放大自身特点主动吸引具有相同爱好的人，也可以通过社交方式线下寻找志趣相投的人，还可以借助互联网找寻适合自己的合伙人，更可以在人脉圈中寻找与自己属性匹配度高的合伙人。

## 第三节　如何控制持股合伙人的人数

合伙人的人数控制首先要符合法律、法规的要求，应该在合乎法律规定的情况下，合理有效地控制持股合伙人的人数。

《中华人民共和国合伙企业法》第六十一条和第七十五条明确规定，有限合伙企业由2个以上50个以下合伙人设立；但是，法律另有规定的除外。而且有限合伙企业至少应当有一个普通合伙人。如果仅剩有限合伙人的，有限合伙企业应当解散。

根据相关立法人员的解释，《中华人民共和国合伙企业法》对有限合伙企业合伙人的人数加以限制，是为了防止出现大规模的非法集资现象。但是，该规定已对很多创投型的有限合伙企业造成了操作上的困难。

因此，合法且合理地控制持股合伙人的人数就成了企业发展的重中之重，具体方法可以从两个方面进行考量：一是对不同类型合伙人人数的直接控制；二是考虑将不能成为持股合伙人的人过滤掉。

## 一、不同类型合伙人在创业企业内部的人数控制

如前所述，企业合伙人可分为普通合伙人、职业合伙人、有限合伙人及隐名合伙人4种类型。其中，普通合伙人与职业合伙人都可归为普通合伙人的类别。

《中华人民共和国合伙企业法》中对合伙人类别的规定只分为普通合伙人和有限合伙人两种，并且对这两种类别有相应的人数要求，即一般企业中普通合伙人的数量不得少于2个人；在有限合伙企业中，这一数字更改为不得少于1个人，且合伙人总数不得超过50人。而隐名合伙人的数量规定不在上述条例内。

有专家对此类现象做过详细分析，并指出："实际上很多创投型的有限合伙企业，法律意义上的合伙人人数在50人以下，但实际意义上的合伙人人数突破了50人的限制，普遍采用了隐名合伙的方式规避50人的限制，即由一小部分投资者作为有限合伙人，在工商登记上予以明示，而其他投资者则作为'隐名合伙人'，从而进行较大规模的基金私募。

"隐名合伙与有限合伙相同的地方在于，隐名合伙人与有限合伙人均只以其出资额为限对合伙企业的债务承担责任，他们都不享有对合伙企业的对外代表权和事务执行权。公司中的隐名股东在符合一定条件时可以通过变更工商登记成为显名股东，而合伙企业中的隐名合伙人，是不能要求成为显名合伙人的。创投型有限合伙企业的处理模式，使《中华人民共和国合伙企业法》第六十一条对有限合伙企业合伙人人数限制的规定名存实亡。"①

① 转引自华律网，网址：www.66law.cn/laws/562086.aspx。

通常而言，企业应当依据《中华人民共和国合伙企业法》对持股合伙人的人数进行控制，不得抱有侥幸心理，必须以遵守法律、法规为前提。

## 二、不能成为持股合伙人的4类人群

除上述法律层面的规定以外，对持股合伙人人数的控制还应考虑很多现实的因素，同时要对不能成为持股合伙人的人群进行详细划分。

一般而言，不能成为持股合伙人的人群可分为4类（见图1-5）。这4类人群通常都有一个显著的特征，就是只看重利益且没有远见，这4类人群往往不适合成为持股合伙人。

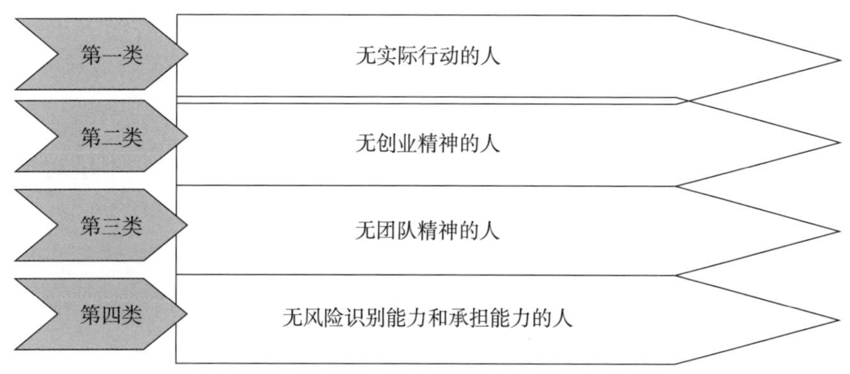


**图1-5 不能成为持股合伙人的4类人群**

### 1. 无实际行动的人

通常来说，这类人可分为两种类型：一种是没有实干精神的人；另一种是曾经身居高位的某些人，因为已养成了一种发号施令的习惯，或者干脆已经超过了乐于动手的年龄，所以这类人普遍的特征是眼高手低，执行能力差。

初创企业最需要的就是不断创新，而无实际行动的人缺乏动手能力，自然不能对企业的创新采取实际行动，如果自始至终都只是纸上谈兵，那么对很多项目的影响将是致命的。

因此，企业在选择持股合伙人时要考虑其动手能力，拒绝高谈阔论、纸上谈兵的人。

2. 无创业精神的人

相对而言，无创业精神的人更容易对企业造成伤害，这类人更加不适合做合伙人。众所周知，创业者最需要的就是激情和动力，一个没有激情、没有动力，还安于现状的人，必然对企业没有任何帮助。一味地追求享乐的合伙人，必将把企业带入下坡路。

作为一名合格的创业者，对待工作、任务必须时刻充满热情，而且还应时刻保持着充沛的精力，不怕苦、不怕累，这样的人才有机会获得创业成功。

因此，杜绝磨磨蹭蹭、推三阻四、滥竽充数的合伙人，才是对持股合伙人这个角色最大的尊重。

3. 无团队精神的人

在分工越来越细的当今社会，一家企业的成长依靠的早已不是个人的能力，而是一支支团队的力量。因此，企业要想发展，持股合伙人必须要有团队精神，团队精神才是企业发展的重要动力。

通常而言，公司的每项重要工作都要依赖团队成员共同完成。因此，作为整个团队的重要成员——合伙人，必须时刻牢记自己对团队应承担的责任，而且必须有服务整个团队的意识，时刻准备为团队成员创造一个良好的环境。只有具备这样素质的人，才能够当好一家企业的合伙人。

相反，如果一个人既无团队精神也无责任心，只知道一味地追求个人享受，全然不考虑大局，自私自利，见识短浅，没有一丝牺牲奉献的精神，那么此人带领的企业或团队就基本与成功无缘。

试想一下，假如这样一个人在公司的团队合作项目中总是占据着主导位置，无论自己对错都保持着绝对的强势，团队发生冲突时也从不解决问题，那么最终必然会搞垮项目、搞垮团队、搞垮企业。所以，无团队精神的人也不适合成为持股合伙人。

**4. 无风险识别能力和承担能力的人**

这类人的显著特征是，没有发现或者规避风险的能力，或者不能承受较为糟糕的结果。

企业在发展过程中，可能逐渐获取可观的收益，但伴随收益而来的通常还会有风险。作为一名持股合伙人，一家公司的领导者、掌舵人，如果看不到“海浪”来袭，没有未雨绸缪的举措，那么最终的结果一定是“水淹船翻”。

在现实生活中，如果类似的糟糕情况真的出现，很多人的心理防线可能支撑不住，甚至会彻底崩塌。此时，对一名持股合伙人来说，必须有超强的心理承受能力才能让公司渡过难关、起死回生。

总而言之，无实际行动的人、无创业精神的人、无团队精神的人，以及无风险识别能力和承担能力的人都不能成为持股合伙人。

# 第二章　合伙人股权机制设计原则与方法

创始人“一人打天下”的情况在多年前是存在的，甚至可以说是常态。在这一背景下，创始人往往会持有100%的股份，并不需要针对各种情况进行股权设计。然而，如今上述的模式早已被时代淘汰，股权合伙才是降低风险、提高创业成功率的明智之举，股权设计因此应运而生。

股权机制的设计方案多种多样，哪一种方案更能激发创业者的创业潜力？本章将带领大家一起探讨。

## 第一节　股权机制设计原则

股权机制设计原则在实施前先需要明确一个准则，即时刻确保“带头人”的地位。一家企业的股权划分，最理想的状态就是有一个领导者，即所谓的带头人。这个领导者作为企业相对的大股东，要对企业有绝对的控股权（一般认为在60%~70%），并且在后面股权不断被稀释的过程中，仍要对企业保持一定的控股权。

明确带头人地位的股权机制设计原则，是符合企业既得利益且较为理想的股权设计方式，这种方式对公司的长期发展是有利的。

## 一、企业股权分配过程中的“生命线”与相关权利

在企业的股权分配过程中，每家企业的情况各不相同，因此股权结构也千差万别，涉及2/3、1/2、1/3等比例，相关比例构成了企业的“生命线”。

上述比例之所以被称为“生命线”，是因为在某种程度上它们能够决定公司的“生死存亡”。除此之外，也决定了公司股东能否享有某项权利。下面将对上述内容进行详解。

### 1.绝对控制线（股权比例大于等于2/3）

绝对控制线是指股东持有公司的股权比例至少为2/3。很多初创企业在起步阶段都需要稳定的成长和发展，所以为了维持公司的稳定，作为企业的创始人就应当对公司有较强的掌控力，并且应逐渐强化这种掌控力。

创始人对企业进行控制的方式有很多，其中效果最明显的是拥有企业的绝对控股权。在绝对控股的情况下，股东大会决议的大事小事，创始人都具备话语权，不被他人左右。

创始人或者股东的股权比例必须在绝对控制线之上，除了上述原因外，《中华人民共和国公司法》①第四十三条中明确规定：

> 股东会会议作出修改公司章程、增加或者减少注册资本的决议，以及公司合并、分立、解散或者变更公司形式的决议，必须经代表三分之二以上表决权的股东通过。

所以，作为公司的创始人或者股东，只有持股权比例大于或等于2/3，

① 2018年10月26日，第十三届全国人民代表大会常务委员会第六次会议《关于修改〈中华人民共和国公司法〉的决定》第四次修正。

才有权利单方面决定公司的事务，诸如公司章程的变动、注册资本的变动，甚至是企业并购等重大事项。而且这些事务通常涉及公司的生死存亡，故而创始人对企业拥有绝对控制权就显得至关重要。

但换个角度思考，我们就会发现大股东的持股比例在绝对控制线之上，对企业来说也存在一定风险。因为持股比例超过2/3的股东有权操控公司的所有事项，一旦其心术不正、中饱私囊，就会出现滥用控制权的情况，轻则将小股东的利益玩弄于股掌之间，重则搞垮公司。

综上所述，绝对控制线对企业及其股东而言，有利也有弊，而最终能够对公司发展产生怎样的影响，还是要看绝对控制线掌控者的处事方式和能力。

**2. 管理控制线（股权比例大于1/2）**

当初创企业发展到中期阶段，公司就会有外来投资者进入，或者实行发展期的内部股权激励措施。如此一来，企业创始人所持有的股份就会变得越来越少。但作为公司的创始人，仍然最关心自己对公司的控股情况。

拥有较高的控股权利，虽然不能完全操控股东大会的决议选项，但仍能够对重大事项的决议施加一定的影响，而且对重大事项以外的其他事项仍然拥有较为绝对的控制权，能够借此实现对公司较高程度的管理与掌控。

《中华人民共和国公司法》第七十一条规定，“股东向股东以外的人转让股权，应当经其他股东过半数同意”。《中华人民共和国公司法》第十六条规定，“公司为公司股东或者实际控制人提供担保的，必须经股东会或者股东大会决议。……该项表决由出席会议的其他股东所持表决权的过半数通过”。

这些法律内容都意味着创始人的股权比例应当大于1/2。当创始人所持股权的比例大于1/2时，才能自如地使用自己的权限决定股东会的一些事项和决议。

例如，公司的投资和经营计划，公司更换或选举董事和监事，公司决定启用非职工代表及决定此类职工的报酬，审议董事会和监事会的报告，审批未来规划方案、年度财务预算方案、弥补亏损方案、分红方案，是否同意公司为股东或者实际控制人提供担保，是否同意股东向股东以外的人转让股权，等等。

**3. 防守控制线（股权比例大于1/3）**

防守控制线的股权比例通常大于1/3，且对重大事项具有一票否决权。对一家企业来说，如果公司发展步入正轨并且需要获得大量发展资金，那么创始人保留的股份比例最好不少于1/3，否则连最基本的“防守”都很难做到。

前文提到，绝对控制线代表股东拥有企业至少2/3的控股权，能够掌管事关公司生死存亡的大部分事宜。如果一个股东持有企业1/3以上的股权，就意味着所有其他股东已经没有机会再单独获得企业2/3以上的表决权，而关系到公司生死存亡的重大决议如果得不到单一持股比例在1/3以上的股东支持时，此项重大决议就无法通过。

如此一来，持有股权份额大于1/3的股东，就顺理成章地在股东会中对重大事项的表决发挥了“一票否决”的作用。一票否决权的应用范围主要涵盖4个方面：一是公司增资、减资；二是修改公司章程；三是公司合并、分立、解散；四是公司组织形式变更。

**4. 上市公司要约收购线（股权比例为30%）**

《中华人民共和国证券法》[①]第六十五条规定：

> 通过证券交易所的证券交易，投资者持有或者通过协议、其他安排与他人共同持有一个上市公司已发行的有表决权股份达到百分之三十时，继续进行收购的，应当依法向该上市公司所有股东发出收购上市公司全部或者部分股份的要约。
>
> 收购上市公司部分股份的要约应当约定，被收购公司股东承诺出售的股份数额超过预定收购的股份数额的，收购人按比例进行收购。

专业律师对上市公司要约收购线也有相关解释，该条法规适用于特定条件下的上市公司，不适用于有限责任公司和未上市的股份有限公司。一般来说，收购上市公司有协议收购和要约收购两种方式。相比较而言，要约收购更加市场化，但环节较多、程序较繁杂、收购成本较高。一旦收购要约期限届满，收购人持有的被收购上市公司的股份数达到该公司已发行股份总数75%以上的，该上市公司的股票应当在证券交易所终止上市。[②]

**5. 临时会议提议权（股权比例为10%）**

《中华人民共和国公司法》第三十九条对拥有此权限人员的相关释义为：

> 代表十分之一以上表决权的股东，三分之一以上的董事，监

① 2019年12月28日，第十三届全国人民代表大会常务委员会第十五次会议第二次修订。

② 北京市中银（南京）律师事务所. 律师详解：67%–51%–34%–30%–20%控制权的区别（股东控制权必修课）[EB/OL].（2017–06–16）[2020–05–07].https://www.sohu.com/a/149379527_752455.

事会或者不设监事会的公司的监事提议召开临时会议的，应当召开临时会议。

《中华人民共和国公司法》第四十条中与此有关的内容为：

董事会或者执行董事不能履行或者不履行召集股东会会议职责的，由监事会或者不设监事会的公司的监事召集和主持；监事会或者监事不召集和主持的，代表十分之一以上表决权的股东可以自行召集和主持。

《中华人民共和国公司法》第五十一条规定：

有限责任公司设监事会，其成员不得少于三人。股东人数较少或者规模较小的有限责任公司，可以设一至二名监事，不设监事会。

监事会应当包括股东代表和适当比例的公司职工代表，其中职工代表的比例不得低于三分之一，具体比例由公司章程规定。监事会中的职工代表由公司职工通过职工代表大会、职工大会或者其他形式民主选举产生。

监事会设主席一人，由全体监事过半数选举产生。监事会主席召集和主持监事会会议；监事会主席不能履行职务或者不履行职务的，由半数以上监事共同推举一名监事召集和主持监事会会议。

董事、高级管理人员不得兼任监事。

《中华人民共和国公司法》第五十三条规定：

监事会、不设监事会的公司的监事行使下列职权：

（一）检查公司财务；

（二）对董事、高级管理人员执行公司职务的行为进行监督，对违反法律、行政法规、公司章程或者股东会决议的董事、高级管理人员提出罢免的建议；

（三）当董事、高级管理人员的行为损害公司的利益时，要求董事、高级管理人员予以纠正；

（四）提议召开临时股东会会议，在董事会不履行本法规定的召集和主持股东会会议职责时召集和主持股东会会议；

（五）向股东会会议提出提案；

（六）依照本法第一百五十一条的规定，对董事、高级管理人员提起诉讼；

（七）公司章程规定的其他职权。

《中华人民共和国公司法》第一百条规定：

股东大会应当每年召开一次年会。有下列情形之一的，应当在两个月内召开临时股东大会：

（三）单独或者合计持有公司百分之十以上股份的股东请求时；

《中华人民共和国公司法》第一百一十条规定：

代表十分之一以上表决权的股东、三分之一以上董事或者监事会，可以提议召开董事会临时会议。

《最高人民法院关于适用〈中华人民共和国公司法〉若干问题的规定（二）》[①]第一条规定：

> 单独或者合计持有公司全部股东表决权百分之十以上的股东，以下列事由之一提起解散公司诉讼，并符合公司法第一百八十二条规定的，人民法院应予受理：
>
> （一）公司持续两年以上无法召开股东会或者股东大会，公司经营管理发生严重困难的；
>
> （二）股东表决时无法达到法定或者公司章程规定的比例，持续两年以上不能做出有效的股东会或者股东大会决议，公司经营管理发生严重困难的；
>
> （三）公司董事长期冲突，且无法通过股东会或者股东大会解决，公司经营管理发生严重困难的；
>
> （四）经营管理发生其他严重困难，公司继续存续会使股东利益受到重大损失的情形。
>
> 股东以知情权、利润分配请求权等权益受到损害，或者公司亏损、财产不足以偿还全部债务，以及公司被吊销企业法人营业执照未进行清算等为由，提起解散公司诉讼的，人民法院不予受理。

关于临时会议提议权，专业律师的解释为，第三十九、四十条法规适用于有限责任公司，代表10%以上表决权的股东可以提议召开股东会临时会议，在董事和监事均不履行召集股东会职责时可以自行召集和主持。

① 2008年5月5日，最高人民法院审判委员会第1447次会议通过。

有限责任公司章程有特殊约定的，从其约定，导致10%的临时会议权可能就丧失意义。第一百条和第一百一十条适用于股份有限公司，由于股份公司的特殊性，导致10%的临时会议权带有强制性。公司法司法解释（二）中的第一条适用于所有类型的公司，即存法定事由的情况下，10%以上表决权股东有诉讼解散权。[①]

### 6.重大股权变动警示线（股权比例为5%）

《中华人民共和国证券法》中第三十六条、第四十四条、第五十一条、第五十三条、第六十三条、第八十条第（八）项对此均有所提及。

> 第三十六条　依法发行的证券，《中华人民共和国公司法》和其他法律对其转让期限有限制性规定的，在限定的期限内不得转让。
>
> 上市公司持有百分之五以上股份的股东、实际控制人、董事、监事、高级管理人员，以及其他持有发行人首次公开发行前发行的股份或者上市公司向特定对象发行的股份的股东，转让其持有的本公司股份的，不得违反法律、行政法规和国务院证券监督管理机构关于持有期限、卖出时间、卖出数量、卖出方式、信息披露等规定，并应当遵守证券交易所的业务规则。
>
> …………
>
> 第四十四条　上市公司、股票在国务院批准的其他全国性证券交易场所交易的公司持有百分之五以上股份的股东、董事、监事、高级管理人员，将其持有的该公司的股票或者其他具有股权性质的证券在买入后六个月内卖出，或者在卖出后六个月内又买

① 北京市中银（南京）律师事务所.律师详解：67%-51%-34%-30%-20%控制权的区别（股东控制权必修课）[EB/OL].（2017-06-16）[2020-05-07].https://www.sohu.com/a/149379527_752455.

入，由此所得收益归该公司所有，公司董事会应当收回其所得收益。但是，证券公司因购入包销售后剩余股票而持有百分之五以上股份，以及有国务院证券监督管理机构规定的其他情形的除外。

…………

第五十一条　证券交易内幕信息的知情人包括：

（一）发行人及其董事、监事、高级管理人员；

（二）持有公司百分之五以上股份的股东及其董事、监事、高级管理人员，公司的实际控制人及其董事、监事、高级管理人员；

…………

第五十三条　证券交易内幕信息的知情人和非法获取内幕信息的人，在内幕信息公开前，不得买卖该公司的证券，或者泄露该信息，或者建议他人买卖该证券。

持有或者通过协议、其他安排与他人共同持有公司百分之五以上股份的自然人、法人、非法人组织收购上市公司的股份，本法另有规定的，适用其规定。

…………

第六十三条　通过证券交易所的证券交易，投资者持有或者通过协议、其他安排与他人共同持有一个上市公司已发行的有表决权股份达到百分之五时，应当在该事实发生之日起三日内，向国务院证券监督管理机构、证券交易所作出书面报告，通知该上市公司，并予公告，在上述期限内不得再行买卖该上市公司的股票，但国务院证券监督管理机构规定的情形除外。

投资者持有或者通过协议、其他安排与他人共同持有一个上市公司已发行的有表决权股份达到百分之五后，其所持该上市公司已发行的有表决权股份比例每增加或者减少百分之五，应当依照前款规定进行报告和公告，在该事实发生之日起至公告后三日内，不得再行买卖该上市公司的股票，但国务院证券监督管理机构规定的情形除外。

投资者持有或者通过协议、其他安排与他人共同持有一个上市公司已发行的有表决权股份达到百分之五后，其所持该上市公司已发行的有表决权股份比例每增加或者减少百分之一，应当在该事实发生的次日通知该上市公司，并予公告。

…………

第八十条　发生可能对上市公司、股票在国务院批准的其他全国性证券交易场所交易的公司的股票交易价格产生较大影响的重大事件，投资者尚未得知时，公司应当立即将有关该重大事件的情况向国务院证券监督管理机构和证券交易场所报送临时报告，并予公告，说明事件的起因、目前的状态和可能产生的法律后果。

前款所称重大事件包括：

…………

（八）持有公司百分之五以上股份的股东或者实际控制人持有股份或者控制公司的情况发生较大变化，公司的实际控制人及其控制的其他企业从事与公司相同或者相似业务的情况发生较大变化；

…………

当然，需要明确的是，上述内容只适用于上市公司。

**7.临时提案权（股权比例为3%）**

《中华人民共和国公司法》第一百零二条对此有具体规定：

> 单独或者合计持有公司百分之三以上股份的股东，可以在股东大会召开十日前提出临时提案并书面提交董事会；董事会应当在收到提案后二日内通知其他股东，并将该临时提案提交股东大会审议。临时提案的内容应当属于股东大会职权范围，并有明确议题和具体决议事项。

对此权益，专业律师的解释为，该条法规适用于股份有限公司，有限责任公司由于兼具资合性和人合性，没有上述繁杂的程序性规定。[①]

**8.代位诉讼权（股权比例为1%）**

《中华人民共和国公司法》第一百五十一条规定：

> 董事、高级管理人员有本法第一百四十九条规定的情形的，有限责任公司的股东、股份有限公司连续一百八十日以上单独或者合计持有公司百分之一以上股份的股东，可以书面请求监事会或者不设监事会的有限责任公司的监事向人民法院提起诉讼；监事有本法第一百四十九条规定的情形的，前述股东可以书面请求董事会或者不设董事会的有限责任公司的执行董事向人民法院提起诉讼。
>
> 监事会、不设监事会的有限责任公司的监事，或者董事会、

① 北京市中银（南京）律师事务所.律师详解：67%-51%-34%-30%-20%控制权的区别（股东控制权必修课）[EB/OL].（2017-06-16）[2020-05-07].https://www.sohu.com/a/149379527_752455.

执行董事收到前款规定的股东书面请求后拒绝提起诉讼，或者自收到请求之日起三十日内未提起诉讼，或者情况紧急、不立即提起诉讼将会使公司利益受到难以弥补的损害的，前款规定的股东有权为了公司的利益以自己的名义直接向人民法院提起诉讼。

他人侵犯公司合法权益，给公司造成损失的，本条第一款规定的股东可以依照前两款的规定向人民法院提起诉讼。

对于此条例，专业律师的解释为，该条法规适用于股份有限公司的股东，同时还必须满足持股180日这一条件。有限责任公司则没有持股时间和比例的限制。代位诉讼权发挥作用的前提是公司董事、监事、高级管理人员违反法律、行政法规或者公司的规定，并且给公司造成了损失。在这种情况下，上述管理人员应当承担赔偿责任，同时股东可以以自己的名义直接向法院提起诉讼。[①]

### 9.查账权（不限定具体数字）

查账权对小股东起到了保护作用，虽然成本很低，但却有很好的实际效果。

《中华人民共和国公司法》第一百六十五条规定：

有限责任公司应当依照公司章程规定的期限将财务会计报告送交各股东。

股份有限公司的财务会计报告应当在召开股东大会年会的二十日前置备于本公司，供股东查阅；公开发行股票的股份有限公司必须公告其财务会计报告。

① 北京市中银（南京）律师事务所.律师详解：67%–51%–34%–30%–20%控制权的区别（股东控制权必修课）[EB/OL].（2017–06–16）[2020–05–07].https://www.sohu.com/a/149379527_752455.

通常而言，企业无任何理由拒绝股东查账的要求。

综上所述，企业股权分配过程中的9个“生命线”数字，涉及企业股权的重要信息，持股合伙人皆应予以重视。

## 二、造就成功企业股权分配比例的经验总结

如今，国内企业的数量如过江之鲫，数不胜数。每家企业的股权分配比例各不相同，因此不同企业的发展情况也完全不同。据统计，股权分配方案中有3种设计方式更容易使企业获得成功。①

### 1.重大事项完全决定权，分配比例约为67%

该分配比例源自前文讲述的绝对控制线。虽然《中华人民共和国公司法》规定了股东会及董事会的职权及表决方式，但是不同企业的实际处境却有天壤之别。企业在分配股权比例的时候，应根据企业实际情况通盘考量。

有相当一部分的“封闭式公司”规定，当股东对外转让股权时，必须经全体股东2/3的表决权通过，以此来维护公司的利益。而且，很多公司甚至对股东死亡后的继承人进入公司管理层或者决策层时，都有决议比例或者时间上的限制，以此对公司权益进行保障。

在企业创立之初，合伙人应充分考虑自身的能力、合伙目的等，结合自身的各项优势对企业的股权结构进行深入分析。这既对股东本人有利，也为企业日后的稳定发展打下了坚实的基础。

《中华人民共和国公司法》第四十三条规定：

> 股东会的议事方式和表决程序，除本法有规定的外，由公司章程规定。

① 泰山管理学院.股权比例的3种黄金分割线[EB/OL].（2020-01-01）[2020-05-10]. https://my.oschina.net/u/3178724/blog/864932.

股东会会议作出修改公司章程、增加或者减少注册资本的决议，以及公司合并、分立、解散或者变更公司形式的决议，必须经代表三分之二以上表决权的股东通过。

上述法规中明确表示，决定公司重大事务的权利属于拥有2/3以上表决权的股东，即百分比约为67%。

由此可知，不管企业登记的股东人数是多少，如果其持有股权占比的总和在33%以下，则不享有对公司章程修改、增减公司注册资本等重大事项做出决定的权利。所以，为了避免股东间不必要的争议，让其完全享有决定权，将企业重大事项的表决权或者股东的股权比例大体控制在67%是较为合适的。

**2. 相对控股权，股权分配比例为52%**

任何企业在初创时，创始人都满腔热血想要将企业做大、做强，但企业未来发展情况如何，无人能准确预测。如果企业在初期阶段发展水平一般，那么多数情况下合伙人都不会在意股权分配的比例；但是，如果企业发展良好，大股东就会想更全面地控制公司，此时恰当的股权分配比例就显得十分重要，这就需要考虑前期的股权比例安排。

其实，企业中较为常见的相对控股比例为51%，但本书推荐的比例是52%。52%的比例分配有哪些好处呢？下面通过一个例子进行分析。

如果一家初创企业在最初的规划中有上市或者吸引其他股东融资的计划，那么51%与52%这一个百分点的差距就会显现出来。假设某股东拥有公司51%的股权，在获得几次股权融资后，该股东持有的股权被稀释了35%，稀释后其持有比例为33.15%[①]。

① 51%-（35%×51%）。

但是，如果该股东持有的股份比例为52%，那么在经过多轮融资之后，在同等条件下，稀释后的股权比例为33.80%（见图2-1）。33.15%与33.80%两者之间有一个明显的分界线——33.34%，这个分界线就是1/3以上和1/3以下的区别，涉及前文论述的防守控制线。

因此，与持有51%的股份比例相比，52%在经过稀释后更占优势，更符合股东和企业的长期利益。

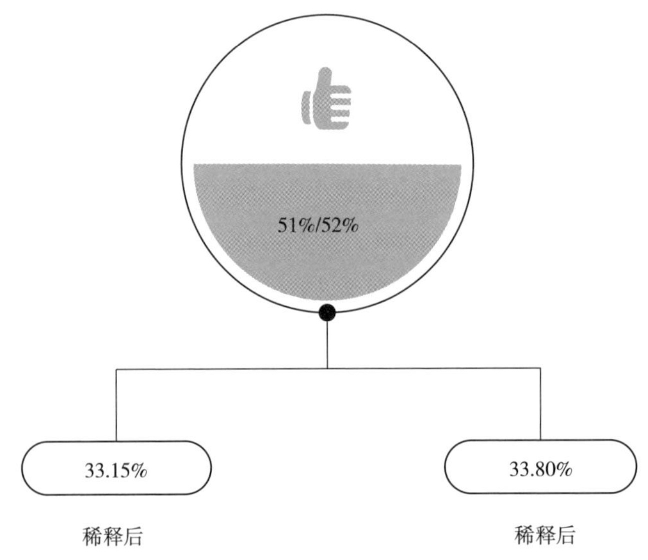


**图2-1　不同持股比例稀释后的结果**

### 3.相对公司控制权，股权分配比例为10%

《中华人民共和国公司法》第一百八十二条规定：

> 公司经营管理发生严重困难，继续存续会使股东利益受到重大损失，通过其他途径不能解决的，持有公司全部股东表决权百分之十以上的股东，可以请求人民法院解散公司。

根据上述法律规定不难发现，只有表决权占比在10%以上的股东才有权向人民法院申请解散公司。所以，任何持股人都要尽量保证自己的持股份额在10%以上，这样才能保证自己享有该权利。股东在入股时多投资一点，往往有益无害，而且对企业的发展也提供了更大的保障，从而使企业能更平稳地发展。

无论企业使用上述哪一种股权分配方式，或是企业股权分配时出于何种目的，都要保证在设计股东享有的权利方案时：首先，要符合法律、法规的要求，并以合法形式予以明确，这种形式可以选择章程或者合同；其次，企业对股东各项权利的设计要做到精确把握，该强化的权利积极强化，该弱化的权利尽可能彻底弱化，这样才能最大限度地避免后期发生争议。股东间一旦出现争议，很容易使公司陷入进退两难的僵局。所以，企业创始人一定要在公司章程中制定好适合自己的股权分配方案。

## 第二节　合理设置合伙人股权比例的实战方法

本章第一节对合伙人的股权比例设置原则进行了解释与分析，本节将从细节出发，讲述股权比例设置的实战方法。

### 一、根据贡献估值设置股权比例的6个维度

初创公司建立时，股权比例的分配方案可供参考的依据较少，但随着公司的发展，股权分配可以依照每位创始人所做贡献的不同来设计方案。但是，因为“贡献”并不是一个实体的概念，所以无法对其进行量化计算。在这种情况下，对贡献的计算就可以采用估算的形式。具体方式是先估算出各种贡献的市场价值，再量化成货币价格，由此就可以相对合理且

客观地分配股权。

迈克·莫耶曾在《切馅饼：无资金资助你的公司》一书中提出，“将创始人在创业项目中的贡献按照市场价值估值，然后算出所有创始人贡献的总估值，折算各个创始人贡献估值占总估值的比例，就是各创始人应该持有的股权比例”。

但是，创业企业中各位创始人所做贡献的形式可能有所不同，或投入资金，或负责技术，或开发销售渠道，或提供资源……所以，每个人的贡献性质完全不同，通常无法完成等价对比。

由于缺乏明确的估算标准，企业常常在估算创始人贡献的市场价值时陷入困境。这时就需要有一种相对公平的方式对其进行量化计算，多维度的量化法就是其中一种。每位创始人担任的职务不同，量化其贡献时需要从各个维度进行才能更客观、合理。

上述方法的维度可以分为6个方面，分别是创始人维度、合伙人维度、投资人维度、核心员工维度、企业维度、发展维度（见图2–2）。

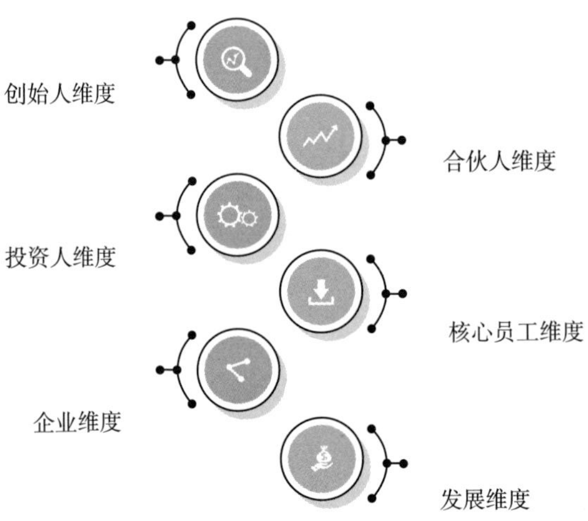


**图2–2　多维度量化法的分类**

#### 1. 创始人维度

对创始人来说，更加期待的应该是享有企业的控制权，所以在股权分配的时候，通常会对股权比例有更大诉求。因此，公司在进行股权分配时，除了需要考虑创始人的贡献估值外，还需要考虑其对控制权的基本诉求。

综合两个方面的考量，对创始人最终的股权配置比例通常建议为普通持股人的2～4倍。该比例从各方面来看都是符合企业利益的，而且对创始人将来的贡献以及企业未来的发展都会产生良性刺激。

#### 2. 合伙人维度

合伙人又称为“联合创始人”，而且从某种意义上讲，又像是创始人的追随者，所以其通常与创始人的理念和创业属性会有较高的重合度。合伙人对企业的诉求会体现在对话语权以及参与权的渴望方面。

因此，在进行股权比例设计时，企业要从参与权与话语权两个方面权衡，对贡献的估值也多从这两者中寻找估算方向。这对合伙人来说既方便又讨喜；对企业来讲，也能促进企业进一步的发展。

#### 3. 投资人维度

在一家企业中，投资人往往追求的是高回报的投资，他们更渴望的是企业的优质项目能否快速参与进去。因此，优先清算权与优先认购权对投资人来说是比较重要的，既是企业进行股权分配方案设计时需要着重考虑的两个方面，同时也是容易显现投资人突出贡献的两点。

#### 4. 核心员工维度

核心员工对企业的诉求往往体现在对分红的渴望上，因此企业进行股权划分时要考虑核心员工对分红权的诉求。

以上4个维度的立脚点都在股东应享有的权利与股东应承担的责任方

面，《中华人民共和国公司法》对此有如下规定：

第二十条　公司股东应当遵守法律、行政法规和公司章程，依法行使股东权利，不得滥用股东权利损害公司或者其他股东的利益；不得滥用公司法人独立地位和股东有限责任损害公司债权人的利益。

公司股东滥用股东权利给公司或者其他股东造成损失的，应当依法承担赔偿责任。

公司股东滥用公司法人独立地位和股东有限责任，逃避债务，严重损害公司债权人利益的，应当对公司债务承担连带责任。

第二十一条　公司的控股股东、实际控制人、董事、监事、高级管理人员不得利用其关联关系损害公司利益。

违反前款规定，给公司造成损失的，应当承担赔偿责任。

第二十二条　公司股东会或者股东大会、董事会的决议内容违反法律、行政法规的无效。

股东会或者股东大会、董事会的会议召集程序、表决方式违反法律、行政法规或者公司章程，或者决议内容违反公司章程的，股东可以自决议作出之日起六十日内，请求人民法院撤销。

股东依照前款规定提起诉讼的，人民法院可以应公司的请求，要求股东提供相应担保。

公司根据股东会或者股东大会、董事会决议已办理变更登记的，人民法院宣告该决议无效或者撤销该决议后，公司应当向公司登记机关申请撤销变更登记。

在股权配置过程中，企业对维度的考量需要遵守国家法律规定，以避免对自身造成不可估量的危害。

### 5. 企业维度

企业维度其实就是对大局观的考量，前面4条都是从人员的角度考虑股权的分配问题，其实还应该从企业发展的全局角度进行权衡，以确保企业一直保持着利益最大化的状态，并且始终能维持住这种平衡。

### 6. 发展维度

发展维度是指企业应从发展的角度看问题，保持高瞻远瞩的状态。即便是初期股权分配的时候，企业也能够考虑未来一段时间的变化，以确保自身即便出现不可控的变量，也能够使股权比例处在一个安全的状态。

## 二、对创始人贡献的估值分析

本书所讲的贡献估值并非单一方面的创始人贡献估值，而是包含诸多方面的估值，涉及工作时间、资源、资产等一系列因素。按照常见的估值法进行计算，企业在创始团队中分配股权时，应当将创始团队投入的所有因素进行折算，并且叠加起来计算其在整体市值中所占的比例。例如，某公司的创始人之一主要负责产品研发工作，经过折算后的贡献估值为20万元。除此之外，该股东又注入了10万元的资金。假设该公司在初始阶段的总市值为100万元，那么该创始人的贡献比例为30%，因此其所持有的股权比例应该为30%。这就是股权分配中所谓的估算各种投入物价值的方法。

创始人贡献估值的涵盖面如下：

### 1. 工作时间估值

对任何企业来说，创始团队在工作时间上的投入是其所做贡献的直接体现之一，在对不同岗位人员的工作时间进行折算时，最妥善的方法是按照人才市场中通用的工资标准来折算。

举例说明，某人的学历和背景都比较优秀，可以结合市场上同类型的工作岗位进行分析，了解其他公司提供的待遇，取一个平均值，再结合此人优秀的表现稍微提高估值，就是该人员的工作时间价值。

如果创业企业聘任该人员进入公司，在最初就依据估值给其发放工资，但未给予股权，且该人员对创业企业没有任何投入，那么该人员对创业企业来说就不是创始人，而只是一名被雇用的劳动者。

但是，如果企业给了此人一定比例的股权，然而这部分股权的价值与他所付出的劳动不等值，甚至比不上他的工资标准，则该人员继续留在企业的可能性不大。相对来说，他会更加愿意在其他企业工作，或者只赚取相应价值的工资但不参加创业活动。如果此人员选择创业，那么在其潜意识里，必然会认为通过创业获得的回报会比当下的工作收入要高，让他甘愿为此付出时间去努力，而最能体现回报价值的就是企业的股权增值。

除上述情况之外，假设创始人对企业还有其他方面的投入。例如，某创始人在创业企业时做了一定的工作，其月收入按照市场行情为2万元。如果某月该创始人选择不要工资，对企业而言相当于直接节省了2万元的人力成本，并能够将这部分资金投入其他能够产生价值的地方。

这样的话，这2万元就可以算作该创始人对企业的人力贡献价值。同样地，如果该创始人在2万元的月薪中只领取了一部分，那么剩下的工资就算作他对企业的贡献。简言之，企业本应发给创始人却未给到创始人手中的工资，都可以算作该创始人对企业的贡献和投入。

综上所述，如果创始人不是全职创业，其投入还需要结合市场的实际待遇情况进行折算。假如企业创始人一直按月工作，在计算其投入时还可以详细到日工资、时工资，也就是根据实际的工作时间来折算。

### 2. 现金估值

简言之，现金估值就是指现金的金额。现金对大多数初创企业而言，影响之大不言而喻。随着企业的发展壮大，企业会逐渐吸引更多的投资人，因此会有越来越多的投资人愿意向企业投资。

这时，企业的资金来源就变得更加多元化，资金对企业发展的重要性则相应降低。而在企业初创阶段，公司还没有足够的发展作为支撑，这时的资金注入就显得十分重要，因此这个阶段对现金的估值就要高于后期注入资金的价值。

### 3. 实物资产估值

实物资产也需要现金投入才能购置，因此创始人提供实物资产供公司使用，其实也可以算作投资的一种。但需要注意的是，不是任何的实物资产都可以折算其中，至少需要满足以下两个条件之一，才可作为现金资产进行估值。

（1）企业的主营业务所需要的核心资产。例如，某公司的主营业务与互联网相关，创业者对此提供了一批服务器，这些服务器就可被算作核心财产。但如果创业者为了吃午饭更加便捷，从家中带入公司一个电饭锅，则电饭锅不能算作核心资产。

所以在初创阶段，以创业需要而贡献的财产才可以算作核心资产进行估值。

（2）为企业的经营而专门取得。例如，为了企业经营购置的相应设备，如电脑、办公桌等都可以看作可估值的贡献；但如果这些物品是从家中旧货堆里拿出的旧电脑、旧桌子，就不能算作专为企业购置的资产。

通过上述内容可以清楚地了解哪些资产可被算作实物资产，但是分辨出实物资产以后，该如何计算它们的价值呢？通常而言，如果这些实物资产购买时间不长，使用价值较大甚至是全新的，便可以按照购买该实物的价格计算。当然，如果实物资产折旧非常严重，就需要按照旧货售卖的折扣方式计算当前价值。

**4.办公场所估值**

在有的创业企业中，创始人投入的不是现金和时间，而是“场地”，如办公场所、仓库、店铺等。

对企业而言，租赁办公场地会是一笔不菲的开销，如果创始人提供工作场地，也就相当于为企业节省了大部分前期成本，那么这部分节省下来的成本便可成为创始人贡献的一部分，可以算是创始人所做的投资。但需要注意的是，并不是所有场所都可折算成创始人所贡献的价值，有些场地对企业而言是不具备价值的。

一种是超出企业工作需要的场地，“满盈不如有度”，超出了相当于没有价值。

例如，企业初创期间人数只有5人，其日常办公所需场所40平方米足矣；如果创始人提供的场地非常大，足有800平方米，那么超出的760平方米对企业而言毫无意义。

另一种是不能为创始人盈利的场地，创始人将这种场地提供给企业同样不能够被估值。也就是说，如果该场所未被创始人用于企业的经营活动，同时企业也没有因为该场所获得任何收益。在这种情况下，该场所自然不能被折算价值。因为对创始人而言，将该场所提供给企业使用也不会产生机会成本，所以它不能被估值。

5. 创业想法估值

创业想法是指创始人向企业提供的赚钱思路，如一个创业的点子，虽然当时并没有很高的价值，但如果该想法诞生于创业项目启动之前，并且制订了相对完善的计划，甚至是较为成熟的方案，又或者是创始人已经初步着手了某些关键技术的开发，它们能够减少企业的试错成本。这样的创业想法就能够被视为创始人对企业的贡献。

因为一个成熟的方案从构思到规划成熟，需要完成的准备工作并不少，甚至在一定情况下还会进行前期实践。所以与这些先期工作对应的市场工资，都可以被视为该创始人对企业的投资。

6. 专用技术、知识产权、产品的估值

创始人向企业提供的专用技术、知识产权以及产品可被折算估值，相应的市场价值就是创始人对企业的贡献。除此之外，如果创始人不愿将知识产权纳入企业并成为其中的一部分，只是希望通过授权的方式让企业使用，那么通过授权而获得的费用可以当作其对企业贡献价值的一部分，按照“应该支付、但未支付”方式来加以计算。

除上述专用技术和知识产权之外，创始人的产品也可以被估值。如果创始人将自己在创业之前拥有的并且对企业能够产生价值的成品或半成品转入企业，那么可以将其看作创始人对企业做出的贡献并进行估值。例如，创始人自己独立开发的软件或网络平台等，都可以按市场转让价进行估值。

### 7. 人脉资源的估值

企业发展不可或缺的要素之一就是人脉资源，而创始人有可能为企业提供相应的人脉资源，这也可看作创始人对企业做出的贡献。这类贡献的具体价值可以按照市场行情详细计算。[①]

综上可知，创始人对企业的贡献类型不同，其估值的折算方式也不同，应当以变通的方式对每种贡献进行估值，以使创始人的付出与所得完美匹配。

## 三、股权设置的优点与落地方法

### 1. 股权设置的优点

股权设置对企业的长远发展具有非凡的意义，而且有非常多的优点：① 解放企业老板的时间，让其可以有更多的时间做重要的事情；② 统一员工思想，让员工劲往一处使，为公司发展共同努力；③ 可以吸引更多的人才加盟；④ 可以长期“捆绑”人才，降低离职率；⑤ 可以让员工参与企业的决策，使其更有归属感；⑥ 可以用未来的财富激励员工努力工作；等等。

### 2. 国家对股权设置方面的法律规定

企业在考虑股权设置的问题时，先要了解国家对股权方面的法律规定。

第一，《最高人民法院关于人民法院执行工作若干意见问题的规定（试行）》[②]中第五十二条至第五十五条对上述问题均有涉及。

---

① 杜国栋. 深度剖析创始人之间如何分股权：按贡献估值[EB/OL].（2019-12-01）[2020-05-10]. www.sohu.com/a/237565598_618578.

② 1998年6月11日，由最高人民法院审判委员会第992次会议通过。

52. 对被执行人在其他股份有限公司中持有的股份凭证（股票），人民法院可以扣押，并强制被执行人按照公司法的有关规定转让，也可以直接采取拍卖、变卖的方式进行处分，或直接将股票抵偿给债权人，用于清偿被执行人的债务。

53. 对被执行人在有限责任公司、其他法人企业中的投资权益或股权，人民法院可以采取冻结措施。

冻结投资权益或股权的，应当通知有关企业不得办理被冻结投资权益或股权的转移手续，不得向被执行人支付股息或红利。被冻结的投资权益或股权，被执行人不得自行转让。

54. 被执行人在其独资开办的法人企业中拥有的投资权益被冻结后，人民法院可以直接裁定予以转让，以转让所得清偿其对申请执行人的债务。

对被执行人在有限责任公司中被冻结的投资权益或股权，人民法院可以依据《中华人民共和国公司法》第三十五条、第三十六条的规定，征得全体股东过半数同意后，予以拍卖、变卖或以其他方式转让。不同意转让的股东，应当购买该转让的投资权益或股权，不购买的，视为同意转让，不影响执行。

人民法院也可允许并监督被执行人自行转让其投资权益或股权，将转让所得收益用于清偿对申请执行人的债务。

55. 对被执行人在中外合资、合作经营企业中的投资权益或股权，在征得合资或合作他方的同意和对外经济贸易主管机关的批准后，可以对冻结的投资权益或股权予以转让。

如果被执行人除在中外合资、合作企业中的股权以外别无其他财产可供执行，其他股东又不同意转让的，可以直接强制转让被执行人的股权，但应当保护合资他方的优先购买权。

第二，《中华人民共和国公司法》关于人民法院在强制执行程序中对股权转让的规定，并不需要征得全体股东过半数的同意。人民法院会发布通知，让公司的其他股东在同等条件下行使优先购买权；但是，如果其他股东自接到人民法院通知之日起满20日不行使优先购买权，则被视为自动放弃优先购买权。《最高人民法院关于人民法院民事执行中拍卖、变卖财产的规定》[①]对优先购买权人也有相关规定：

第十四条　人民法院应当在拍卖五日前以书面或者其他能够确认收悉的适当方式，通知当事人和已知的担保物权人、优先购买权人或者其他优先权人于拍卖日到场。

优先购买权人经通知未到场的，视为放弃优先购买权。

第十六条　拍卖过程中，有最高应价时，优先购买权人可以表示以该最高价买受，如无更高应价，则拍归优先购买权人；如有更高应价，而优先购买权人不作表示的，则拍归该应价最高的竞买人。

顺序相同的多个优先购买权人同时表示买受的，以抽签方式决定买受人。

### 3.股权设置的落地方法

参照以上关于股权设置的法律规定，本书推荐8种股权设置的落地方法，具体内容如下：

① 2004年10月26日，由最高人民法院审判委员会第1330次会议通过。

（1）股票增值权模式。股票增值权模式的被激励对象基本都是企业的经营者，如果经营者通过努力经营而使企业在约定时期内完成某个目标，比如企业的股票价格上涨或业绩上升，经营者便可以获得一定比例的收益。通常情况下，经营者所获得的收益来源为行权价与股价之间的差价，或者是企业净资产的增值，而经营者也不需要通过支付现金来获取股票增值权。在经营者完成既定目标后，企业往往是通过支付现金、等值股票，或者是二者相结合的形式分配收益。

股票增值权激励模式的优点是：第一，相对来说比较简单，企业上手操作也比较容易；第二，被激励对象在行权时，获得收益的方式通常都是直接对股票升值部分进行兑现；第三，不需要解决股票的来源问题，因此也相对容易通过审批。

股票增值权激励模式的缺点是：第一，并不能给被激励对象提供真正意义上的股票，因此这种情况下能够起到的激励作用相对较小；第二，我国资本市场存在弱有效性的问题，企业业绩的好坏，总体程度上来说与股价的关联度较低，因此通过该模式衡量经营者的业绩时，可能无法起到公正的激励效果，甚至还有可能导致经营者操纵股价现象的发生；第三，收益分配来源于奖金，这会在一定程度上增加企业的现金支付压力。

股票增值权模式的落地方法：对企业经营者提出要求，股票来源问题容易解决。

（2）账面价值增值权模式。对于发展到一定阶段，现金流运行与经营业绩稳定，但是对尚未上市的企业而言，采取账面价值增值权模式是不错的激励方案。由于企业尚未上市，因此账面价值增值权模式不会受外界资本市场异常波动的影响。与此同时，这种激励模式不需要被激励对象以现金出资的方式入股。但也正因如此，企业的现金流一定要充足，财务状况良好，否则无法支撑起这一模式。

账面价值增值权模式的落地方法：可设为购买型或虚拟型，每股账面价值与资产值有关，与股价无关。

（3）员工持股计划模式。如果企业所处的行业相对而言已经比较成熟，而企业自身又具备稳定增长的实力，那么不妨采取员工持股计划模式。

员工持股计划模式的优点是：第一，在持有股票的情况下，企业与职业经理人、员工的利益是捆绑在一起的，除了共享企业红利以外，还多了一种共同承担后果的责任，为了自身利益，职业经理人、员工往往都会更为努力地工作；第二，还可以形成一致行动人，有效防止恶意收购现象的发生。

员工持股计划模式的缺点是：第一，具有非常明显的福利性，容易出现“大锅饭”的现象；第二，员工能够分到的股份比例较低，激励作用不明显。

员工持股计划模式的落地方法：第一，设立合伙平台，将所有股东的股权转移到平台上，并且收回投票权，选出相应代表来进行投票；第二，签订一致行动人协议。

（4）管理层收购模式。管理层收购是指企业的管理层或经理层作为收购主体，利用杠杆融资来收购企业的股份，进而改变企业的股权结构、资产结构以及治理结构，以此来达到持股经营和企业重组的目的，而收购主体因此获得预期收益。

根据收购主体的性质，管理层收购又可称为经理层融资收购。管理层收购企业的资金通常来源于两个方面，即内部资金与外部资金。内部资金也就是管理层的自身资金，外部资金则是指通过融资所得资金。管理层在收购完成后，将会成为企业股东，并且直接或间接地把控企业的发展方向，而经营权与控制权在此时也会达到高度的统一。

管理层收购模式的优点是：第一，通过收购行为来统一企业的经营权和控制权，也就意味着管理层的利益与企业利益捆绑在了一起，这有助于管理层追求公司利润的最大化，并且减少代理成本；第二，管理层收购企业的股份之后，便有机会从中获得更多的股权收益，得到了长期激励。

管理层收购模式的缺点是：第一，收购行为往往需要大量的资金，如果管理层处理不恰当，不仅会加大收购成本，甚至还会导致管理层因此而付出巨大代价；第二，管理层在收购股权后，多多少少会伤到自身的“元气”，此时如果没有及时调整企业的治理结构，有可能会出现内部人员操纵企业发展的现象。

管理层收购模式的落地方法：与需要收购的企业的持有大比例股份的股东进行谈判，或者是通过二级市场来收购目标企业的股票。

（5）分红回偿。分红回偿主要针对尚未上市企业的中层或者是技术骨干而进行的股权激励模式。

分红回偿模式的优点是：第一，被激励对象通过向企业借款的方式来入股，并且用入股后所获得的红利偿还借款，进而获得股权；第二，具有较强的激励性，因为被激励对象的分红收益将由企业的收益决定，故被激励对象会更加努力地工作。

分红回偿模式的缺点是：第一，在偿还完借款前，被激励对象所获得的股权是不完整的；第二，偿还借款的时间也会比较长。

分红回偿的落地方法：通过设置1年偿还期的方式来保护管理层的权益。

（6）优先购股权。优先购股权模式适用于上市或者是尚未上市企业的核心成员。

优先购股权模式的优点是：在特定情况下，被激励对象能够优先获得股份，比如在企业增资扩股时，便可以实施这一权利。

优先购股权模式的缺点是：第一，不利于平衡初创团队股东与被激励对象之间的利益关系；第二，如果被激励对象中包含员工，那么还要考虑股权的流动性以及员工的收益偏好等因素。

优先购股权模式的落地方法：实施AB股模式，并且定向增发。

（7）赠与股份。这种模式只适合那些对企业发展具有特殊贡献的核心人员。

赠与股份模式的优点是：股份收益能够快速兑现，并且不需要被激励对象出资购买，能够有效调动其工作积极性。

赠与股份模式的缺点是：第一，不利于平衡初创团队股东与被激励对象之间的利益关系；第二，由于无须出资购买，被激励对象可能不太会珍视这份权利。

赠与股份的落地方法：无偿赠与，但需要谨慎使用。

（8）技术入股。当企业需要开发新产品或者进入项目论证期时，在其中发挥关键作用的中层与技术骨干，便可以通过技术入股的方式获得股权。

技术入股模式的优点是：能够让被激励对象所设计、开发、生产的成果归企业所有。

技术入股模式的缺点是：存在很强的不确定性，而且缺乏对持续创新的激励。

技术入股的落地方法：将被激励对象的技术折合为一定数量的股份。

对于企业来说，股权的设置一直都是一把双刃剑，公司的股权设计方案如何做、怎么做都是非常重要的。企业在进行股权设置时，需要综合考虑多方面要素，正确选择激励时机并且谨慎操作，能够对企业发展起到积极作用；但是，如果盲目操作，那么必然会对企业发展造成负面影响。

## 四、股权分配过程中的6个常见陷阱

股权分配过程较为复杂，企业常常会在不经意间陷入分配陷阱中。作为创业企业，只有了解并有效避免这些陷阱，才能保证企业的长远发展。如图2–3所示，这是股权分配过程中常见的6个陷阱。

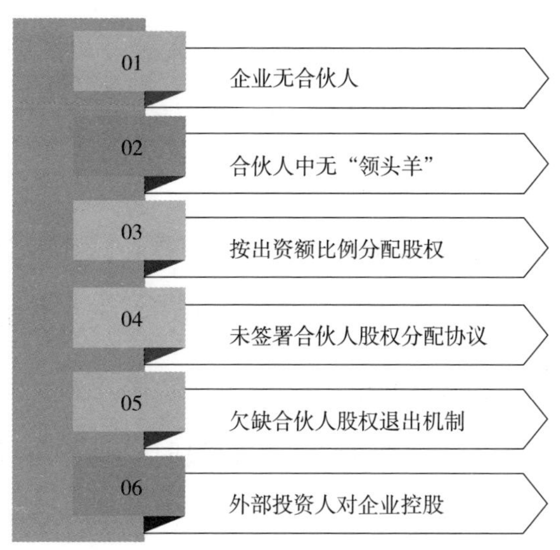


**图2–3　股权分配过程中常见的6个陷阱**

### 1. 企业无合伙人

当今社会，单枪匹马的企业运营模式早已成为过去式。如果企业中只有员工却没有合伙人，单打独斗的创始人必定心力难支，企业也难免陷入被动的局面。相反，合伙人的加入能够让公司有更加长远的发展。

例如，“新东方三驾马车”“阿里巴巴十八罗汉”“腾讯五虎”都是十分著名的企业合伙案例。在合伙人的共同努力下，这些企业都已经进入合伙创业的新时代。

所以，企业的创始人需要有合伙人，需要找到能够在产品、技术、运营或其他重要领域都能结成钢铁同盟的“军团”。彼时，股权的分配计划才能妥善下达，而非一人独占。

**2. 合伙人中无“领头羊”**

在企业的股权架构设计方案中，其核心环节是对企业合伙人中“领头羊”的股权设计。如果企业合伙人中“领头羊”的存在感不清晰，企业的股权就没有办法进行合理分配。对创业企业的合伙人来说，要么在创业初期就有地位清晰、明确的“领头羊”，要么在公司发展的过程中磨合出一只“领头羊”。很多企业的股权战争，都源于企业合伙人中的“领头羊”定位不够清晰。

企业合伙人中有清晰且明确的“领头羊”存在，并不意味着专制，类似“苹果”“小米”“谷歌”等著名互联网企业中，合伙人中都有清晰且明确的“领头羊”，因此企业发展得很好。

在企业合伙人中，当“领头羊”不控股时，企业可以通过AB股计划或者事业合伙人制度等措施确保“领头羊”对企业的控制力。日常公司的决策可以通过民主协商得出结果，但当意见出现分歧时，企业合伙人中必须有“领头羊”能够集中决策，一锤定音。

在企业的合伙人中，只有“领头羊”对公司进行有效控制时，才能够避免企业沦为“赌徒”手中不当获利的筹码。

**3.按出资额比例分配股权**

我们可以将创业视作一场长距离的赛车运动，胜出的人最终能够胜利的原因有很多，如跑道的选择、跑车的性能等。但是，那桶供赛车跑完全程的汽油，虽然常常被人忽略，却发挥了极其重要的作用。对企业来说，合伙人早期出资的价值就和“那桶汽油”一样宝贵。

现代股权分配制度出现之前，股东分配股权的核心依据是出资额的多少，“资金”是企业的最大变量，出资额越多，分配的股权就越多。如今，在进行股权分配时，最需要着重考虑的不确定因素就是“人”，对于那些只出资而“不干活”的股东，只有“掏大钱、占小股”的结局。

举例说明，某公司因为是初创企业，无法评估合伙人各自的贡献，所以在股权分配的时候就以早期出资额作为评判指标，导致一位虽然有资金但是能力和积极性都不足的合伙人成为公司的最大股东，而那些具备能力并且积极奉献的人却由于资金不足成了小股东。由于公司较大的决策权在大股东手中，当大股东能力不足时很容易导致决策失误，所以公司最终因发展不济关门大吉。

所以，在分配股权时，企业应当避免这种“只看钱不看人”的陷阱。本书建议创业企业将股权分为资金股和人力股两种，并且规定资金股占小份，人力股占大份。

**4.未签署合伙人股权分配协议**

很多创业公司最容易出现的一个问题，就是在创业初期众人埋头苦干，完全不考虑股权的分配问题。这种行为给企业未来的发展埋下了隐患，一旦公司获得了巨大盈利，再分配股权时就很难满足全部人的心理预期，导致合伙人之间出现矛盾，影响企业的发展。

所以，任何企业在创业初期都应当对股权分配的事项做好充分准备，并签署合伙人股权分配协议，避免企业将来在这方面出现问题。

#### 5.欠缺合伙人股权退出机制

在很多企业中，最后导致合伙人翻脸的一大原因，就是手中的股权无法合理退出。尤其是股东阶段性地参与了创业、投入了资金，一旦由于个人原因想退出时，如果企业没有事先制定相关机制，将导致该股东无法得到合理的回报。

所以，合伙人在创业初期就应未雨绸缪，制定允许股东股权退出的机制。

#### 6. 外部投资人对企业控股

顾名思义，外部投资人对企业控股是指企业的外部投资人凭借较大出资额而拥有了企业的大部分股权。这会造成外部投资人直接掌控企业的局面，给企业未来的发展留下许多隐患。例如，企业创始人缺乏工作动力，让其他投资机构避而远之，不利于公司的长期发展，等等。

因此，企业在进行股权分配时，一定要格外慎重，尽量避开每个可能存在的陷阱，以确保企业的长远发展。

## 第三节　优秀企业创业初期的合伙人股权分配案例分析

良好的股权分配机制会推动公司快速稳定地发展，而糟糕的股权分配机制将会对企业造成极其恶劣的影响。本节通过正反两个不同的案例进行对比分析，深度解析股权分配机制将会对企业发产生哪些影响。

## 一、【案例】美团创业初期的合伙人股权分配机制

美团是国内一家专注于提供生活服务的电子商务平台，聚焦大众的高频、刚需类生活服务用品，做到用科技将消费者与商家串联起来，用平台提供吃、旅游等多种人们生活中需要的服务。

根据海克财经的统计，截至2020年1月6日收盘，美团市值已突破6360亿港元（约合5671亿元）[①]，这是美团连续第三个月市值超越“百度”“京东”及“拼多多”。大获成功的美团是如何发展至今的呢？促进美团发展的合伙人股权分配机制又是怎样的呢？

### 1. 美团发展过程

美团由王兴和穆荣均创立于2010年，并于2015年10月与由张涛创立的“大众点评”合并。美团先是投资大众点评，并且获得其40%的股权，在后来的发展过程中，出于业务需求将剩余的60%股权也一并购入。在美团与大众点评合并之后，两家公司O2O模式的“烧钱”状态在短期内不会有太大的改变。而在这个时候，猫眼电影已经开始盈利了。美团决定把猫眼电影分拆出来，这样不会被其他烧钱业务拖下水。而且美团独立之后，在资本市场就会得到较高的估值，也就有机会获得更多融资机会。

2018年4月，美团通过部分股权与现金相结合的方式收购摩拜，收购价格为27亿美元。对于公司的投资业务，美团有一支约20人的专业团队，这支团队自2013年起大约进行了60项投资。

### 2. 美团的融资经历

美团与大众点评合并之前，就已经获得了4轮融资；在合并后，美团又进行了2轮共计约72亿美元的融资，其中部分投资获得了拥有特权的优

---

① 如无特别指明，本书金额均指人民币。

先股，如优先购买权、共同出售权、优先认购权、优先分配利息等，而这些特权在公司上市后通常会被终止。

除了这些特权，股东腾讯还享有反摊薄权。也就是说，美团上市后，腾讯具备为了保持其股份比例而购买或认购额外份额的特权。美团上市前，腾讯手中所持有的美团股份比例为20.14%。在上市后，美团发行新股，包括腾讯在内的5家企业购买新股的比例约占37%。

### 3. 美团的股权设置

截至2018年4月30日，美团的员工数量已经达到4.67万名，并且为了实施股权激励，还向4600多名符合要求者授予了期权，占比约为10%。另外，数据显示，2015年、2016年及2017年，在美团获得最高薪资报酬的5名人员总共获得的薪酬额度分别为3.4亿元、3亿元、2.8亿元。

根据国家要求，增值电信服务及互联网地图服务属于被限制外资进入的行业，而广播电视节目服务及互联网文化服务属于禁止外资进入的行业。美团与大众点评合并后，其经营业务因此受限，美团不得不搭建VIE架构以符合国家要求。

美团采取了双重股权架构，与其相关的章程悉数于2018年8月获得采纳，但前提是需要满足一定条件。美团上市后便开始执行双重股权架构，A类股份持有人每股享有10票的投票权（表决权），B类股份持有人每股享有1票的投票权。同时美团表示，企业中出现以下极少数情况时，A股和B股一样，每股只享有1票投票权。

（1）当修订公司章程和细则时（包括修改股份类别附带的权利）。

（2）当委任、选举或撤换任何独立非执行董事时。

（3）当委任、选举或撤换本公司的核数师时。

（4）当企业自愿清盘或结束时。

资料显示，美团的创始人王兴、穆荣均、王慧文等人持有A股，其他人则持有B股。美团股权上市后的比例为：王兴、穆荣均、王慧文各自持有的A股比例分别为10.4%、2.3%及0.7%，所具备的投票权分别为47.14%、10.43%及3.17%；红杉、腾讯等作为投资者，持有的B股比例分别为10.4%、20%，所具备的投票权分别为4.71%、9%。但需要注意的是，由于当时腾讯具备认购新股的优先权，因此该比例的不确定性较高。除此之外，其他投资者持有的也基本上都是B股（见图2-4）。

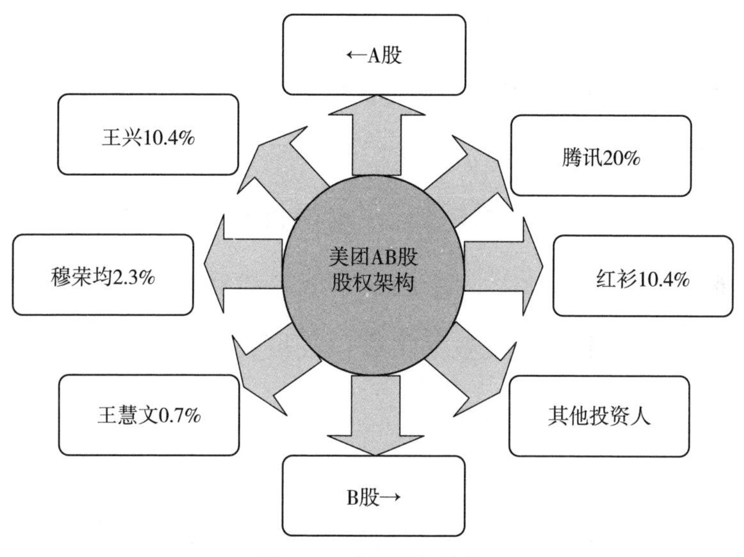


**图2-4　美团股权结构**

美团的AB股模式对A股有相应的限制，对“1股投10票”的A股有一定要求。例如：① A股只能由董事持有；② 当A股持有人去世或对外转让时，则自动转换为B股；③ 当A股持有人不再担任董事或者无能力担任董事时，则自动转换为B股；④ 除了经联交所批准以外，不得再发行A股且不得增加A股的比例，同时不得通过修订A股权利来增加A股的投票权；⑤ 假如由于减少B股而导致A股占比提高时，则A股持有人将会按照比例减少本公司的投票权。

美团对于自身的股东大会拟定了相关的决议规则：① 普通决议案（增设新股、任免董事等）的通过规则，由代表过半数投票权的股东同意则通过。王兴加上任何一位联合创始人的票数超过半数，可决定普通决议案的通过与否。② 特别决议案（减少股本或赎回、修改公司章程等）的通过规则，由不少于3/4的大多数票股东同意则通过。3位联合创始人加起来无法达到3/4的票数，不能直接决定特别决议案的通过与否。

王兴、穆荣均、王慧文持股比例总共为13.4%，所以即便持有较高的A股投票权，但是能够决定的也仅仅是普通议案，特别决议案是无法单凭他们3人能够决定的。

美团的股权分配机制中还设计了退出机制，具体内容为："受限股份在满足归属条件后，无转让限制。购股权除特殊情况外不可转让。被辞退员工，自被辞退时股权激励将终止或被收回。身故或丧失行为能力的，已归属和可行使部分可行使或继承。已与管理层订立保密及竞业禁止协议。"

综上可知，AB股股权架构的分配机制显然很适合美团的发展，美团能够稳定快速地发展，与其制定的合理的合伙人股权分配机制是分不开的。

## 二、【案例】均等合伙人股权结构导致真功夫内斗教训分析

企业因为股权分配不合理出现问题的案例数不胜数，真功夫就是其中十分典型的一个。真功夫的股权结构采用均等合伙人的方式。下面对均等

合伙人股权结构的模式进行分析。

真功夫前身是“168甜品屋”，1990年由潘宇海在东莞创立。1994年，潘宇海的姐姐潘敏峰及其丈夫蔡达标加入，股权也因此发生变动，双方各占50%，奠定了均等股权的结构。

2006年9月，蔡达标和潘敏峰发生婚变，潘敏峰将其手中所持股份转让给蔡达标，夫妻共有的真功夫50%的股权归蔡达标所有。随后，蔡达标对外宣称真功夫计划上市。2007年10月，蔡达标引入“中山联动”和“今日资本”的投资，投资额各有1.5亿元，且各占3%的股份。与此同时，蔡达标和潘宇海的股权被稀释到了47%。

2009年7月23日，潘宇海将真功夫告上法庭，表明自己的股东知情权没有生效，并且要求查封2007年7月至2008年12月关于公司的财务报告、账册以及会计凭证。在提交上诉之后，潘敏峰带人抢走了真功夫部分财务资料。2011年3月30日，蔡达标与潘敏峰的女儿蔡慧婷发布相关消息，表示真功夫的一个保险柜丢失，里面存放了大量重要财务文件，矛头直指潘宇海。

2011年4月，广东警方拘捕了一直潜逃在外的蔡达标。2012年2月10日，天河法院根据2005年修订的《中华人民共和国公司法》第三十三条[①]以及第一百六十五条规定[②]对此案做出判决，判定大股东查账审计属于合

① 股东有权查阅、复制公司章程、股东会会议记录、董事会会议决议、监事会会议决议和财务会计报告。股东可以要求查阅公司会计账簿。股东要求查阅公司会计账簿的，应当向公司提出书面请求，说明目的。公司有合理根据认为股东查阅会计账簿有不正当目的，可能损害公司合法利益的，可以拒绝提供查阅，并应当自股东提出书面请求之日起十五日内书面答复股东并说明理由。公司拒绝提供查阅的，股东可以请求人民法院要求公司提供查阅。

② 有限责任公司应当依照公司章程规定的期限将财务会计报告送交各股东。股份有限公司的财务会计报告应当在召开股东大会年会的二十日前置备于本公司，供股东查阅；公开发行股票的股份有限公司必须公告其财务会计报告。

法权利，潘宇海委托的专业机构有权对真功夫的财务报告、财务账册、会计凭证、银行对账单等信息进行审查，而真功夫拒绝这一权利则属于违法行为。

2012年8月7日，蔡达标等人被天河区人民检察院以涉嫌职务侵占罪、挪用资金罪、抽逃注册资本罪等向天河区人民法院提起公诉；8月底，蔡达标又由于涉嫌挪用资金罪、职务侵占罪、抽逃注册资本罪被继续上诉。直到2013年12月12日案件落地，蔡达标的职务侵占罪、挪用资金罪、抽逃注册资本罪等罪名成立，被判处有期徒刑14年。而潘宇海自此也获得了真功夫的绝对控股权。

2015年12月14日，蔡达标所持的14%股权在广州产权交易所拍卖，底价为2.17亿元，但是最后因无人竞拍导致流拍。至此，真功夫股权之争告一段落。

这一事件之后，“润海”接盘了今日资本所持有的真功夫3%的股份，中山联动与“双种子”分别持有3%和10.52%的股份，而蔡达标虽然已经锒铛入狱，但是在股权上与潘宇海仍然分庭抗礼，二者均持有41.74%的股份。该案件对企业产生了很大负面影响，涉及上市延迟、人员流失、业绩下滑等诸多方面。

### 1. IPO上市受阻延迟

早在2006年，蔡达标便已经做出了上市规划，并且真功夫本来已经计划在2009年收购港股“福记食品”，以此实现借壳上市。但是，2011年真功夫表示公司已暂停上市计划。许多PE机构由于此次股权争夺事件的发生，进而对真功夫的发展感到担忧。

真功夫的变故不仅使其自身不再被业内看好，而且违反了国家对于上市公司的规定，对此香港大福证券食品行业分析师左国光表示，“如果事件不能在短时间内得到解决，真功夫上市会被无限期延迟”，这一影响对真功夫来说无异于致命伤害。

**2. 管理层流失**

真功夫的案件自开始之日起，就已经产生诸多负面影响，甚至蔡达标还未被宣判，其家族成员之间就开始内斗，致使持有公司期权的诸多高管离职，原本真功夫企业高管有30余人，最终只剩下七八人。

**3. 公司经营业绩下滑**

2011年3月以前，真功夫公司的每月净利润保持在800万元左右，而因为股权斗争问题，真功夫的月净利润从800多万元急剧下降到6万元。

**4. 估值下跌**

2010年，蔡达标曾接受潘宇海转让真功夫3.76%的股权，随后向中国银行借贷。中国银行针对当时拥有300多家门店的真功夫进行综合评估，估值约为21亿元。2012年，今日资本转让其所持有的真功夫股份，占比3%的股份价值为1亿元。也就是说，真功夫的整体估值约为33亿元。然而，发展至2015年，真功夫估值仅为15亿元，当时其门店已经扩张到600多家。

纵观真功夫案例，从法律角度分析，不难得出一个结论：均等股权设置是“最差劲”的股权结构。因为按照《中华人民共和国公司法》的要求，股东会在做出修改公司章程、增加或者减少注册资本的决议，以及公司合并、分立、解散或者变更公司形式的决议时，必须经代表2/3以上表决权的股东通过，而均等合伙人股权结构导致股东难以按照上述法律条款对重大事项做出决定，企业无法形成有效决议，致使企业发展陷入僵局。

综上所述，任何一家企业在创业之初都必须把股权问题处理妥当，“平均分配”绝非是公平且有效的分配方法。除此之外，企业在设计股权结构时，需要有一个能做决策的人带领大家往前走，因此其需要掌握绝对的控股权。与此同时，根据企业的发展情况设置合理的股权退出机制也是必要的，既能够让现有股东与公司“和平分手”，也可以给未来的进入者留足发展空间，这样才能让企业避免诸多隐患的发生。

# 第三章　合伙人股权机制落地细则与创始人保有控制权的实战攻略

本章将对合伙人股权机制进行更加详细的阐述，并且为创始人能够保有控制权提供行之有效的实战攻略。

## 第一节　如何把握合伙人股权与职权之间的平衡

企业发展向来需要合伙人的努力，而合伙人在为企业发展贡献力量时，就需要考虑发展的限定性，即限制范围，同时还要考虑在限制范围内的付出与所得到的回报能否匹配。这就是企业中合伙人的股权与职权的关系，股权象征着利益与回报，职权象征着付出与限制范围内的可行行为。

在企业中，如何有效地把握合伙人股权与职权之间的平衡呢？下面将详细介绍。

### 一、相关法律规定

《中华人民共和国公司法》对合伙人的股权和职权也有明确的规定，关于股权的规定前文已述，而关于职权的规定如下：

#### 1.享有资产收益、参与重大决策和选择管理者等权利

第四条　公司股东依法享有资产收益、参与重大决策和选择

管理者等权利。

### 2.请求法院撤销权

第二十二条　公司股东会或者股东大会、董事会的决议内容违反法律、行政法规的无效。

股东会或者股东大会、董事会的会议召集程序、表决方式违反法律、行政法规或者公司章程，或者决议内容违反公司章程的，股东可以自决议作出之日起六十日内，请求人民法院撤销。

### 3.知情权、查账权

（1）涉及有限责任公司的。

第三十三条　股东有权查阅、复制公司章程、股东会会议记录、董事会会议决议、监事会会议决议和财务会计报告。

（2）涉及股份有限公司的。

第九十七条　股东有权查阅公司章程、股东名册、公司债券存根、股东大会会议记录、董事会会议决议、监事会会议决议、财务会计报告，对公司的经营提出建议或者质询。

### 4.提议召开临时股东会议权

（1）涉及有限责任公司的。

第三十九条　股东会会议分为定期会议和临时会议。

定期会议应当依照公司章程的规定按时召开。代表十分之一以上表决权的股东，三分之一以上的董事，监事会或者不设监事会的公司的监事提议召开临时会议的，应当召开临时会议。

（2）涉及股份有限公司的。

第一百条　股东大会应当每年召开一次年会。有下列情形之一的，应当在两个月内召开临时股东大会：

…………

（三）单独或者合计持有公司百分之十以上股份的股东请求时；

…………

## 5. 召集和主持股东会议权

（1）涉及有限责任公司的。

第四十条　……

董事会或者执行董事不能履行或者不履行召集股东会会议职责的，由监事会或者不设监事会的公司的监事召集和主持；监事会或者监事不召集和主持的，代表十分之一以上表决权的股东可以自行召集和主持。

（2）涉及股份有限公司的。

第一百零一条　……

董事会不能履行或者不履行召集股东大会会议职责的，监事会应当及时召集和主持；监事会不召集和主持的，连续九十日以上单独或者合计持有公司百分之十以上股份的股东可以自行召集和主持。

### 6.请求回购权

（1）涉及有限责任公司的。

第七十四条　有下列情形之一的，对股东会该项决议投反对票的股东可以请求公司按照合理的价格收购其股权：

…………

（2）涉及股份有限公司的。

第一百四十二条　……

（四）股东因对股东大会作出的公司合并、分立决议持异议，要求公司收购其股份；

…………

### 7.出席或委托代理人出席股东（大）会行使表决权（优先股股东除外）

第四十二条　股东会会议由股东按照出资比例行使表决权；但是，公司章程另有规定的除外。

…………

第一百零六条　股东可以委托代理人出席股东大会会议，代理人应当向公司提交股东授权委托书，并在授权范围内行使表决权。

### 8.提起诉讼权

第一百五十二条　董事、高级管理人员违反法律、行政法规或者公司章程的规定，损害股东利益的，股东可以向人民法院提起诉讼。

### 9.请求法院解散公司权

第一百八十二条　公司经营管理发生严重困难，继续存续会使股东利益受到重大损失，通过其他途径不能解决的，持有公司全部股东表决权百分之十以上的股东，可以请求人民法院解散公司。

### 10.依法转让出资或股份的权利

（1）涉及有限责任公司的。

第七十一条　有限责任公司的股东之间可以相互转让其全部或者部分股权。

（2）涉及股份有限公司的。

第一百三十七条　股东持有的股份可以依法转让。

### 11.公司终止后对公司剩余财产的分配权

第一百八十六条　清算组在清理公司财产、编制资产负债表和财产清单后，应当制定清算方案，并报股东会、股东大会或者人民法院确认。

公司财产在分别支付清算费用、职工的工资、社会保险费用和法定补偿金，缴纳所欠税款，清偿公司债务后的剩余财产，有限责任公司按照股东的出资比例分配，股份有限公司按照股东持有的股份比例分配。

…………

## 二、平衡合伙人股权与职权的4种因素

几乎所有的初创企业中，合伙人的股权与职权平衡都是一个不可忽视的大问题。其中，股权意味着合伙人对公司财富的掌握，职权则意味着合伙人对企业的直接控制权。

在法律规定的范围内，平衡股权与职权的关系时通常需要考虑4个方面的因素，分别是管理模式与组织结构、合伙人自身的能力、合伙人对企业的忠诚度、合伙人与企业文化的相容性（见图3–1）。

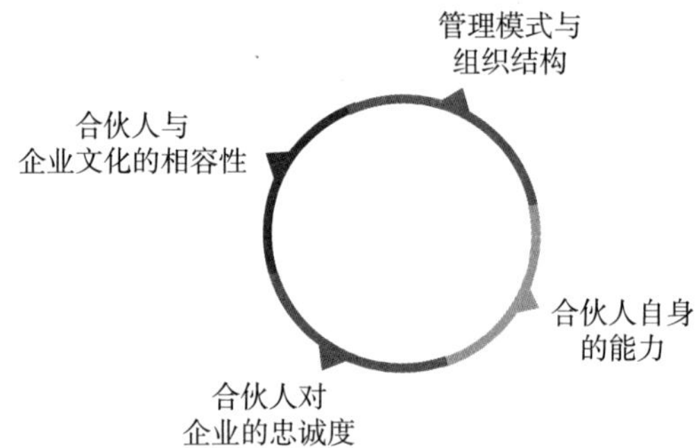


**图3–1　平衡合伙人股权与职权的4种因素**

### 1. 管理模式与组织结构

在对股权与职权之间的平衡进行考量时，离不开管理模式和组织结构这两种因素。因为一旦失去了这两种因素，职权分配就失去了基本的依据。

股权和职权是依托公司的管理而存在的。同样，只有合理的股权分配才能让企业长远发展，只有合理的职权才能让公司的管理更加合理。所以，在给合伙人分配股权的时候，需要将职权的限定性与企业的管理模式和整体的组织结构相结合。只有在企业框架下制定合理的规则，才能保证合伙人的权益，让合伙人有为企业用心付出的动力。

### 2. 合伙人自身的能力

虽然每名持股合伙人的股权所对应的职责权力是事先给定的，而且较为固定不会出现较大的变化；但是，由于不同合伙人的岗位胜任能力不同，因此合伙人之间的职权分配必然存在微调的要求。

与此同时，股权分配也会依照职权的发展做出改变。对于能力较强的合伙人，企业应当减少对其履行职权过程中的干预；而对能力较弱的合伙人，企业应该适当地回收权力。如此，企业才能在自身的发展过程中不断对股权与职权进行平衡。

### 3. 合伙人对企业的忠诚度

合伙人对企业的忠诚度是企业在股权和职权分配过程中需要考虑的关键要素。因为依照股权分配职权就是在分配影响力，合伙人的影响力在一定程度上左右着企业的发展；所以对企业而言，如果想要有更好的发展，就必然需要忠诚度较高的合伙人拥有更大的影响力。

很多合伙人只会强调对自己职业的忠诚，而常常忽视对企业的忠诚。这类人可能有很强的能力，并且在很多时候不断地去挖掘可以发挥自己能力的机会，以期实现个体价值的最大化。但在这个过程中，他们常常会忽视企业的利益，没有对企业未来的发展予以充分的规划。

### 4. 合伙人与企业文化的相容性

对企业来说，合伙人与企业文化的相容性也是一个较为重要的因素，然而这一点容易被很多企业忽视。从创业初期到接下来的每一步发展，企业从上到下都不会思考合伙人的属性是否与企业文化相合，人们通常只会看合伙人是否具有做某事的能力，能否把自己的本职工作做好。

试想，如果某位合伙人自始至终都对企业文化不是真正认同和热爱，那么即便该合伙人有很强的能力，一旦某一天力有不逮时，就很可能对企业造成致命的打击。

相应地，与企业文化相容的合伙人，在享有对应的股权与职权时对企业才是有益的，否则遭受损失的就不单单是企业本身，而是企业中的每个人。

综上所述，不难发现在平衡合伙人股权与职权的时候，如果能够慎重考虑上述4个因素，就会使企业的发展更加平稳。

## 第二节　股权稀释过程中创始人如何确保自己的控制权

创业一途时常会出现股权被数轮融资稀释后，创始人最后失去控制权的状况。因此，在企业股权不断被稀释的过程中，对公司还需要保持绝对控制的状态，这也是众多创始人需要着重考虑的问题。下面将针对这一问题进行详细的介绍。

### 一、创始人保证企业股权层面控制权的5种方法

创始人在股权层面的控制权是指与其所持股份对应的权利，具体体现在股权控制、经营控制、核心资产等方面，换言之就是在各种事项上的决策权。控制权涉及的范围极为广泛，不仅仅是企业的创始人、投资人，甚至会与媒体、供应商、政府等第三方相关，只有让他们得到利益，企业才能快速成长并更好地发展。

企业成长的过程，虽然会伴随融资而让创始人手中的股权不断被稀释，但是股权的稀释并不代表创始人的控制权也必然要被削弱。例如，阿里巴巴的创始人马云，其持股比例仅为个位数，却控制着市值5000亿美

元的大企业；腾讯马化腾仅持股8.69%，也能控制着市值5500亿美元的大企业；华为的任正非持股仅1.01%，也控制着营业额超1000亿美元的华为。

作为企业的创始人，如何才能保证自己在企业中的控制权不被削弱？本书认为可以通过5种方法（见图3-2）进行。

| | |
|---|---|
| 一 | 投票权委托与一致行动协议 |
| 二 | 有限合伙 |
| 三 | 双重股权结构 |
| 四 | 一票否决权 |
| 五 | 董事会成员提名权 |

**图3-2　创始人保证控制权的5种方法**

### 1.投票权委托与一致行动协议

很多企业在保护核心股东的控制权时，都会选择将部分小股东的持股表决权委托给持股较多的核心股东，以此增加核心股东在股东会上的表决权。具体方式是让小股东签署授权委托书，然后将表决权授予核心股东行使，这就是投票权委托。值得一提的是，在签署委托书时，授权期限往往较长，而且不可撤销。

一致行动人是指借助协议或其他方式让各方的法人（包括社会组织、企业等）或自然人承诺在某件事情上行动保持一致；与之相对应的一致行动人协议是指将各方所承诺的内容记录下来的法律文书，用以保证创始人的控制权。

### 2.有限合伙

企业可以采取有限合伙的方式，员工便是间接股东。这种方式是通过设立有限合伙企业，并将股权分配进行，此时员工便可以出资购买有限合伙企业的股权份额，从而间接获取企业的股权。在这方面，相关企业可以参考马云筹划的蚂蚁金服股权结构。

**3. 双重股权结构**

所谓双重股权结构，是指同股、同利但是不同权。

企业可以通过股东大会设置双重股权结构，即将股票分为具有不同投票权的两种股票，分别是A普通股与B普通股。A普通股是企业进行融资时，由专业投资者或者普通大众投资者所持有的股票，每股享有1份投票权；而B普通股一般都是企业的创始人及其团队、主要战略性投资者等核心人物所持有，每股享有N份（N>1）投票权。在这方面，企业可以参考京东的AB股权制度。

**4. 一票否决权**

《中华人民共和国公司法》第四十三条规定，企业对重大议题投票时，必须经代表2/3以上表决权的股东赞成才能通过。换个角度考虑，只要核心创始人股东的表决权在1/3以上，他就能够一票否决会议通过的决议。这样一来，就变成企业的股东无论想通过任何方案，都必须经过核心创始人股东的同意。这样就保障了创始人对企业的控制权。

**5. 董事会成员提名权**

《中华人民共和国公司法》第四十六条规定，董事会对股东会负责，行使下列职权：

（一）召集股东会会议，并向股东会报告工作；

（二）执行股东会的决议；

（三）决定公司的经营计划和投资方案；

（四）制订公司的年度财务预算方案、决算方案；

（五）制订公司的利润分配方案和弥补亏损方案；

（六）制订公司增加或者减少注册资本以及发行公司债券的方案；

（七）制订公司合并、分立、解散或者变更公司形式的方案；

（八）决定公司内部管理机构的设置；

（九）决定聘任或者解聘公司经理及其报酬事项，并根据经理的提名决定聘任或者解聘公司副经理、财务负责人及其报酬事项；

（十）制定公司的基本管理制度；

（十一）公司章程规定的其他职权。

董事会虽然服务于股东会，但仍手握诸多权利。其中，最关键的是《中华人民共和国公司法》第四十八条规定，“董事会决议的表决，实行一人一票”。也就是说，如果董事会中自己的人越多，那么自己的控制权就越大。所以创始人要想让自己的话语权变大，就得让董事会中的自己人增多。

由此可知，创始人必须掌握董事的提名和罢免职权，这样才能够有效加强自己的控制权。

公司的控制权对创始人来说是非常重要的，因为控制权一旦脱手，后果不堪设想。在这方面有很多血淋淋的教训，如“俏江南”的张兰、“1号店”的于刚、“雷士照明”的吴长江。这些人都在企业创立和发展过程中发挥过重大作用，然而因为股权设置方面失误，导致丧失了控制权。现在这些创始人有的已经不在管理岗位上，有的甚至与公司再无关联。

因此，创始人应该在股份被稀释之前，通过多种途径保护自身的控制权。企业既可以参照上述5种方法，也可以寻求专业人士的帮助。总之，一定要避免公司的控制权旁落的局面出现。

## 二、创始人通过合伙人掌握经营管理层面控制权的实战方法

在推行股权战略时，许多人会思考这样一个问题：如何通过股权及其他方式实现对企业的控制，确保企业按照创始人制定的长远发展战略前进？

公司控制权是企业家掌握公司的根本权利，对公司的命运起着决定性作用。正如美国世达律师事务所联合创始人约瑟夫·弗洛姆（Joseph Flom）所说："如果有一项权利企业家非争不可的话，我想只能是控制权了。"而事实也的确如此，在近一个世纪的经济发展中，西方国家公司研究的核心问题就是如何掌握公司的控制权。

如今，中国有关公司控制权的案例更是数不胜数。当然，有许多成功的案例。例如，阿里巴巴的创始人马云、百度的创始人李彦宏等人，从开始创业到现在，他们都是公司的核心人物和掌舵者，牢牢掌握着公司的控制权，把握着公司前进的方向。与之相反，也有不少失败的案例，如前面提到的俏江南的创始人张兰等。

身处"互联网+"创业时代，创业者维持对公司的控制权很有必要。诚如天使投资人徐小平所说："如果创业者一开始就把主权让出去，给出去60%的股份，再伟大的企业也做不下去；创业者只要把事情做起来，股份多少不重要，这是错误的，凡是不以股份为目的的创业都是耍流氓。"而马云曾经为了保住控制权，放弃了在香港上市的机会，而是转向

在美国上市。

### 1.阿里巴巴的启示

阿里巴巴的成长历程可谓是马云个人的奋斗史。人们只沉浸在他的励志故事中，羡慕一个“草根”英语老师通过艰苦创业，奇迹般地成为商界巨擘，但是又有多少人看到了他成功背后的艰辛。马云为掌控阿里巴巴的控制权，不断与股东、董事会和资本进行博弈。

以阿里集团上市为例，阿里巴巴作为最大的电子商务交易平台，本应是各大证券交易所争抢的对象，却两次吃了香港证券交易所的闭门羹。其原因就是香港证券交易所“同股同权”的规则，而马云在阿里只有8.9%的股份，却是阿里的实际决策者，保持着对阿里巴巴的控制权，享有高比例的投票权。

2014年，阿里巴巴向纽交所递交了招股说明书，阐明了其合伙人制度。其内容为：阿里巴巴合伙人制度于2010年正式确立，其中马云和蔡崇信为永久合伙人，其他合伙人一旦离开阿里巴巴集团公司或关联公司，即从阿里巴巴合伙人中“退休”。

合伙人每年都可以提名选举新合伙人候选人，但是新合伙人必须满足以下条件：对公司发展有积极的贡献；在阿里巴巴或关联公司工作5年以上；高度认同公司文化，愿意为公司愿景、使命和价值观竭尽全力等。

在担任合伙人期间，每个合伙人都必须持有一定比例的公司股份，享有董事提名权和奖金分配权。而关于合伙人享有董事提名权，也是阿里巴巴合伙人制度引发争议的焦点。

招股说明书中有这样一点，“依据公司章程，阿里巴巴集团上市后，阿里巴巴合伙人有权提名阿里巴巴过半数董事，提名董事需经股东会投票过半数支持方可生效。”也就是说，根据公司章程规定，阿里合伙人有权提名过半数董事，进而控制阿里巴巴集团董事会。

这样，阿里巴巴合伙人制度看起来与“同股不同权”的股权架构有着异曲同工之妙，阿里巴巴是通过章程规定董事会席位的多数，以保留对公司的控制权；“同股不同权”则是将股权集中到少数创业者手中，以保证管理层对公司的控制权。两者与香港联交所的规则都是冲突的，香港联交所的规则可以理解为，谁持有公司股权的过半数或最多谁就拥有公司控制权。

正因为与香港证监会“同股同权”规则相悖，而且香港特区政府及港交所均已明确表态不会为阿里巴巴的“合伙人制度”开绿灯，所以阿里巴巴团队与马云为坚持自身政策不得不放弃在香港上市，转而选择在美国上市，以求掌握对公司的控制权。

相信许多人都存在这样的疑问：创始人如何才能牢牢掌握公司的控股权？创始人先要明确公司的治理机制和组织形式，并在决策机制上做有关的安排和设计，巩固或者维持对公司的控制权。

**2. 管理层收购**

创始人掌握控制权的方法除了前文提到的5种外，还可以通过合伙人的渠道来掌握，即“管理层收购”。

管理层收购是指企业管理者与经理层通过融资购买股份。创始人可以通过这样的方式实现对公司所有权结构、控制权结构和资产结构的改变，实现以管理者、所有者和经营者三者合一的身份主导企业，进而获得产权预期收益的一种收购方式。

关于管理层收购曾有很多成功的案例，而新浪管理层收购则是我国互联网行业的第一例。2009年9月28日，约560万股的新浪普通股被CEO曹国伟等管理层购入，购入金额大约为1.8亿美元。此次收购完成后，曹国伟成为新浪的第一大股东。

此后，帝联科技管理层于2013年底制定了新的企业发展规划，“以CDN全内容加速产品为帝联的拳头产品，持续扩大其业务规模”，并逐步实现。

综上所述，管理层收购的行为可以在很大程度上促进企业的发展，因其不仅能激励内部人员的工作积极性，还能降低项目代理成本以及改善企业的经营状况，使企业的实力越发强大。

## 第三节　合伙人股权机制落地过程中的其他细节

在合伙人股权机制实施的过程中，还有很多细节问题需要注意。例如，股权分配过程中需注意的法律问题，下面将带大家对此进行详细了解。

企业的合伙人在进行股权分配的时候，除了可能遇到前文所涉及的问题外，还可能触及一些法律问题，如股权的转让、拍卖等。

**1. 与股权转让有关的法律问题**

《中华人民共和国公司法》对股权转让的相关规定如下。

（1）涉及有限责任公司的。

> 第七十一条　有限责任公司的股东之间可以相互转让其全部或者部分股权。
>
> 股东向股东以外的人转让股权，应当经其他股东过半数同意。

股东应就其股权转让事项书面通知其他股东征求同意，其他股东自接到书面通知之日起满三十日未答复的，视为同意转让。其他股东半数以上不同意转让的，不同意的股东应当购买该转让的股权；不购买的，视为同意转让。

经股东同意转让的股权，在同等条件下，其他股东有优先购买权。两个以上股东主张行使优先购买权的，协商确定各自的购买比例；协商不成的，按照转让时各自的出资比例行使优先购买权。

公司章程对股权转让另有规定的，从其规定。

第七十二条　人民法院依照法律规定的强制执行程序转让股东的股权时，应当通知公司及全体股东，其他股东在同等条件下有优先购买权。其他股东自人民法院通知之日起满二十日不行使优先购买权的，视为放弃优先购买权。

第七十三条　依照本法第七十一条、第七十二条转让股权后，公司应当注销原股东的出资证明书，向新股东签发出资证明书，并相应修改公司章程和股东名册中有关股东及其出资额的记载。对公司章程的该项修改不需再由股东会表决。

第七十四条　有下列情形之一的，对股东会该项决议投反对票的股东可以请求公司按照合理的价格收购其股权：

（一）公司连续五年不向股东分配利润，而公司该五年连续盈利，并且符合本法规定的分配利润条件的；

（二）公司合并、分立、转让主要财产的；

（三）公司章程规定的营业期限届满或者章程规定的其他解散

事由出现，股东会会议通过决议修改章程使公司存续的。

自股东会会议决议通过之日起六十日内，股东与公司不能达成股权收购协议的，股东可以自股东会会议决议通过之日起九十日内向人民法院提起诉讼。

第七十五条　自然人股东死亡后，其合法继承人可以继承股东资格；但是，公司章程另有规定的除外。

（2）涉及股份有限公司的（第一百三十七条见前文论述）。

第一百三十八条　股东转让其股份，应当在依法设立的证券交易场所进行或者按照国务院规定的其他方式进行。

第一百三十九条　记名股票，由股东以背书方式或者法律、行政法规规定的其他方式转让；转让后由公司将受让人的姓名或者名称及住所记载于股东名册。

股东大会召开前二十日内或者公司决定分配股利的基准日前五日内，不得进行前款规定的股东名册的变更登记。但是，法律对上市公司股东名册变更登记另有规定的，从其规定。

第一百四十条　无记名股票的转让，由股东将该股票交付给受让人后即发生转让的效力。

第一百四十一条　发起人持有的本公司股份，自公司成立之日起一年内不得转让。公司公开发行股份前已发行的股份，自公司股票在证券交易所上市交易之日起一年内不得转让。

公司董事、监事、高级管理人员应当向公司申报所持有的本公司的股份及其变动情况，在任职期间每年转让的股份不得超过其所持有本公司股份总数的百分之二十五；所持本公司股份自公司股票上市交易之日起一年内不得转让。上述人员离职后半年内，不得转让其所持有的本公司股份。公司章程可以对公司董事、监事、高级管理人员转让其所持有的本公司股份作出其他限制性规定。

第一百四十二条　公司不得收购本公司股份。但是，有下列情形之一的除外：

（一）减少公司注册资本；

（二）与持有本公司股份的其他公司合并；

（三）将股份用于员工持股计划或者股权激励；

（四）股东因对股东大会作出的公司合并、分立决议持异议，要求公司收购其股份；

（五）将股份用于转换上市公司发行的可转换为股票的公司债券；

（六）上市公司为维护公司价值及股东权益所必需。

公司因前款第（一）项、第（二）项规定的情形收购本公司股份的，应当经股东大会决议；公司因前款第（三）项、第（五）项、第（六）项规定的情形收购本公司股份的，可以依照公司章程的规定或者股东大会的授权，经三分之二以上董事出席的董事会会议决议。

公司依照本条第一款规定收购本公司股份后，属于第（一）项情形的，应当自收购之日起十日内注销；属于第（二）项、第（四）项情形的，应当在六个月内转让或者注销；属于第（三）

项、第（五）项、第（六）项情形的，公司合计持有的本公司股份数不得超过本公司已发行股份总额的百分之十，并应当在三年内转让或者注销。

上市公司收购本公司股份的，应当依照《中华人民共和国证券法》的规定履行信息披露义务。上市公司因本条第一款第（三）项、第（五）项、第（六）项规定的情形收购本公司股份的，应当通过公开的集中交易方式进行。

公司不得接受本公司的股票作为质押权的标的。

第一百四十三条　记名股票被盗、遗失或者灭失，股东可以依照《中华人民共和国民事诉讼法》规定的公示催告程序，请求人民法院宣告该股票失效。人民法院宣告该股票失效后，股东可以向公司申请补发股票。

第一百四十四条　上市公司的股票，依照有关法律、行政法规及证券交易所交易规则上市交易。

第一百四十五条　上市公司必须依照法律、行政法规的规定，公开其财务状况、经营情况及重大诉讼，在每会计年度内半年公布一次财务会计报告。

**2.与拍卖有关的法律规定**

综上所述，在股权分配的过程中除了会涉及股权转让的问题外，还会涉及股权拍卖的问题，所以需要了解与拍卖相关的法律规定，具体如下：

《最高人民法院关于人民法院民事执行中拍卖、变卖财产的规定》的第十四条和第十六条分别规定：

第十四条　人民法院应当在拍卖五日前以书面或者其他能够确认收悉的适当方式，通知当事人和已知的担保物权人、优先购买权人或者其他优先权人于拍卖日到场。

优先购买权人经通知未到场的，视为放弃优先购买权。

…………

第十六条　拍卖过程中，有最高应价时，优先购买权人可以表示以该最高价买受，如无更高应价，则拍归优先购买权人；如有更高应价，而优先购买权人不作表示的，则拍归该应价最高的竞买人。

顺序相同的多个优先购买权人同时表示买受的，以抽签方式决定买受人。

《中华人民共和国拍卖法》第三十八条规定：

买受人是指以最高应价购得拍卖标的的竞买人。

除了上述规定以外，合伙人在股权分配的过程中还会遇到更多的法律问题，企业的合伙人需要对国家的各项法律规定有所了解，或者聘请专业人士进行指点，以避免触碰到法律的红线。

# 第四章　合伙人股权退出机制的方案设计

企业的发展总免不了人员的流动，普通股的人员流动对公司影响不大，但是合伙人股东的变动会对企业有很大的影响。合伙人的离开常常伴随着股权的撤出，所以企业这时需要拥有一种完整的合伙人股权退出机制。

这样的设计对企业来说利大于弊，不仅能够适时地应对股权变动，还能在很大程度上避免股权纠纷。本章主要讲述关于合伙人股权退出机制中的一些细节问题。

## 第一节　预设合伙人股权退出机制方案的优点

提前拟定合伙人股权退出机制并不是杞人忧天，而是为了企业日后能得到更好的发展，不得不将一些隐性要素带来的风险提前予以规避，如合伙人与配偶间发生的创业股权分离风险，或者是企业发展始终面临的合伙人能力与现实要求不匹配的问题等。

### 一、规避合伙人与配偶间发生的创业股权分离风险

出资并且参与企业运营管理的股东又可以称为合伙人，然而合伙人的配偶往往容易被忽视，事实上这也是企业的隐形合伙人之一。《中华人民共和国婚姻法》第十七条规定：

> 夫妻在婚姻关系存续期间所得的下列财产，归夫妻共同所有：（一）工资、奖金；（二）生产、经营的收益；（三）知识产权的收益；（四）继承或赠与所得的财产，但本法第十八条第三项规定的除外（即遗嘱或赠与合同中确定只归夫或妻一方的财产）；（五）其他应当归共同所有的财产。

上述法规也包含股权，除非夫妻间另有约定。

中国民政网公布的近些年的婚姻数据显示，我国的离婚率逐年上升，而创业群体的离婚率更是比平均水平要高。创业群体的离婚将会直接导致企业股权的结构发生变化，如土豆网创始人王薇正是由于离婚事件导致土豆网的上市受到影响，最后造成严重后果。

不仅仅是创始人，合伙人也会受到影响。因此，为了保障企业股权架构的稳定，可以考虑通过以下4种方式处理合伙人离婚时的股权情况，如图4–1所示。

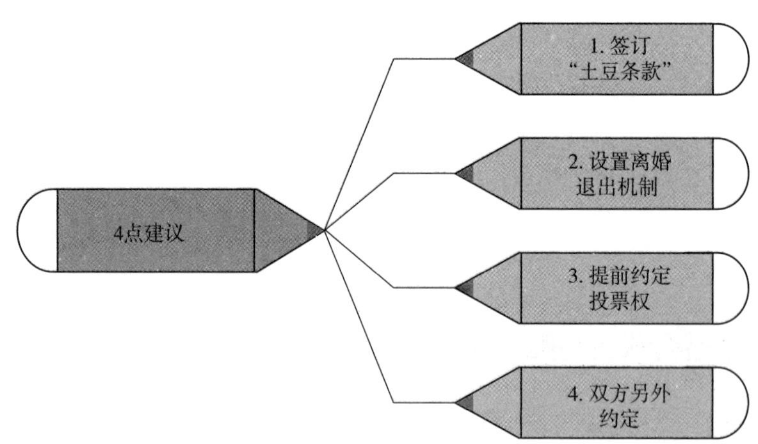


**图4–1 处理合伙人离婚时股权情况的4点建议**

### 1. 签订“土豆条款”

在土豆创始人离婚事件发生后，许多企业都要求合伙人签订“土豆条款”，也就是合伙人配偶签署同意函，同意放弃企业股权权益。根据实际情况来看，不少合伙人配偶都签订过该条款。从情理上不得不承认，其实这一条款对合伙人配偶并不公平。

**2. 设置离婚退出机制**

也就是在合伙人离婚时，相当于触发退出条款，企业可以根据双方事先约定的价格将股份回购。一般来说，如果企业属于有限合伙持股平台，而且约定回购的价格相对合理，这一机制的设置还是具有可操作性的。设置离婚退出机制，需要考虑两方面的问题。

一方面，离婚其实属于私事，无论合伙人是主动离婚还是被动离婚。有的合伙人还具备很强的经营管理能力与心态，如果因为离婚就被动退伙，是否有些不值？

另一方面，如果想让合伙人离婚后继续回归，只能让其离婚后再买入，但这些要求是不方便直接在书面上签订合约的。

因此，回购价格应当如何设置是一个很复杂的问题。退出定价在后文中会详细介绍，而在此强调的重点在于，由于设置离婚退出机制会涉及配偶的利益，因此不排除配偶之间恶意串通的风险。

**3. 提前约定投票权**

也就是说，配偶在可以持有股票的情况下，也仅能获取相应的收益，但投票权作废或另行约定。

如果选择提前约定投票权，那么建议约定的股票分配权应当是限定于婚内股权的价值。举个例子，小A投入10万元到B公司，并且持有10%的股份。两年后，小A与其配偶离婚，当时企业的市值已经达到了1000万元。又过了两年，企业市值达到1亿元，小A选择在此时抛售股票。在这种情况下，如果没有约定明确的分配时间，那么小A应该分给配偶50万元（刚离婚时的市值）还是500万元（抛售时的市值），这很难界定。

### 4. 双方另外约定

原则上来说，股权也属于夫妻双方共同财产，但合伙人与配偶也享有另外约定财产归属的权利。因此，双方可以提前约定能够共同接受且不影响企业股权结构的条款。

另外，还有一点需要注意，即很有可能夫妻双方都持有企业股份。在这种情况下，双方协商后可以各自处理相应的股份。如果协商失败，可委托评估机构对股份进行估值，再由法院判定，这也是一种可行的方式。

## 二、企业发展始终面临合伙人与现实要求不匹配的问题

创业合伙人之间的关系就像合法的“夫妻”，但在共同生活的过程中也有不和谐的声音，导致矛盾的加剧。这时股权退出机制就像离婚协议，是创始人产生分歧时控制消极影响的最好方法。和平地“离婚”就是最好的结果。

例如，4个创业伙伴共同创业，一段时间之后，其中的一名持股合伙人与其他合伙人之间出现了难以化解的矛盾。团队氛围越来越差，并且该合伙人找到了更好地实现自我价值的机会，经过仔细思考后他提出了离职。他所持有的股权该如何处理，又成了新的矛盾点。

如果辞职的合伙人始终回绝其他合伙人要求其退股的要求。而留下的合作伙伴们则认为辞职的合伙人继续留着股权，享受其他人打拼的成果，这对于留下的人太不公平了。双方各执一词，互不相让，企业发展也因此停滞不前。

这种情况绝对不是个案，而是没有提前设置好退出机制的企业都会发生的大概率事件。如果有退出机制就有法可循，可以避免消极影响扩大化。

创业合伙人之间需要包容忍让。合伙人所持有的股权是基于自己的参与意愿，对企业前景有长期乐观的期望，并愿意承担长期的风险。此外，合伙人还应通过自己的努力对企业的发展做出贡献，有贡献才能分享股权红利。

如果企业在创立之初没有建立退出机制，并且允许中途退出的合作伙伴带走股权，等企业做大后被带走的股权得以资本化，那么这对多年来参与创业的其他合作伙伴来说是最大的不公正。在合作的过程中，创业伙伴们一定要认识到这一点，承认别人的价值，并认识到自己的不足之处。

创业所要历经的艰辛不亚于“九九八十一难”，从这个角度来看，创业也是一种修行。这种修行不同于远离人群的静坐参禅，而是在俗世中锻炼自己，在社会层面实现自己的价值。明天会好的，请多一些坚持和耐心，包容和你一路同行的合作伙伴。

成功的哲学不是服从人的欲望，而是服从自然规律。人们总说“人往高处走，水往低处流”，然而上善若水，创业者要学会水“低头”的谦逊。在低洼处可以充盈，肯放低姿态才有更大的合作空间。

许多创业团队往往会犯错误，认为成功了是自己的功劳，失败了是别人的错误。要想和合作伙伴维持长期的合作关系，最好还是多反思自己，少责怪他人，多一些包容和理解。如果一旦到了不得不解散的程度，也要尽可能兼顾双方的利益，利用股权的退出机制及时止损，控制住股权变动带来的消极影响。

随着企业的日渐成长，合伙人之间难免会出现问题。因此，提前进行股权退出机制的设置就能未雨绸缪，使此类问题出现时也能够很好地得到解决。

## 第二节　成熟合伙人退出机制5步走

初创企业设置股权退出机制时，大多还不够成熟，但随着企业的发展和合伙人的成长，股权退出机制需要变得更加成熟。成熟的合伙人退出机制可以按照以下5步骤进行。

### 一、股权预留：提前为期权池留出空间

先看案例，小罗、小林及小张一起创业，注册资本100万元。对于股权分配问题，小罗表示可以一次分到位，即根据各自出资情况划分；而小林和小张则认为，应该留出20%的股权，主要用于吸纳新合伙人。

小罗、小林及小张经过考虑之后，决定预留20%的股权，小罗、小林及小张分别持有企业30%、25%及25%的股权。但是当他们去工商局登记时，工商局不予登记，理由是20%的股权不能为企业所有。除此之外，小罗、小林及小张还面临一个问题，剩余20%的股权应当由谁来出资？

首先，我们需要明确的是，案例中预留的股份被称为“期权池”，又有“金手铐”之称，这一别称生动地表达出期权池所涵盖的激励与约束并存的作用。期权池的存在既可以让初创企业也能够进行股权激励，从而将外来人才的利益与企业自身利益结合起来；同时还可以点燃企业员工的工作激情，有助于初创企业加快实现战略目标。

越来越多的初创公司为了企业的长远发展，在创立之初会设计期权池。作为未来员工的激励股权，初创公司至少要预留10%的期权，并且随着公司的发展，需要不断地扩大期权池。期权池越大，股权的激励作用就越明显。如果创始人可以有效地管理期权池，在股东大会上就多了一份发言权，甚至可以凭借期权池获得在企业的绝对支配地位。

正常来说，初创团队都会将自己持股的20%预留给企业未来需引进的人才。事实上，期权股同时还可以用来激励创始人本身、高管人员、普通员工等，但这并不代表期权便等于股权。期权与股权有所不同，股权是持有人持有股份的所有权，但期权仅能表明持有者在特定期限中以特定价格获得股份的所有权。它是于企业与员工之间进行股权交易的合同，而当期权正式行使之后，员工获得的股份便是普通股。

## 二、股权成熟：逐年分批兑现合伙人股权

为保证企业能够顺利发展，在设计合伙人退出机制时，可以在合伙人股权设计的时候采用逐年分批兑换股权的方法，这种方式能够避免很多问题。

具体操作方法是，创业公司的股权可以按照创始人在公司工作的天数，逐步兑现给创始人，通常可以按照4～5年进行兑现。

假设某创业公司规定合伙人工作满一年以后，才可以一次兑现1/4的股权，下一个周年后再兑换1/4。这样安排主要是为了避免该合伙人中途退出带走经营资金，影响公司的正常运转。如果起初规定该合伙人持有50%的股权，但是创业不久后该合伙人退出，如果没有上述机制的约束，就相当于直接带走公司很大一笔运营资金，公司很可能因此受损

严重。

如果逐年分批兑换股权，那么该合伙人实际股权的变化，每次就仅仅是减少1/4的比例。这是对创业公司和团队自身的保护。

一个创业公司里，没有人可以保证所有创始人都不会离开，而且就大多数情况而言，绝大部分创业公司的部分创始人都会因为各种原因退出。所以，为了保证创业未来企业的风险尽可能降低，逐年分批兑现合伙人股权会使公司的股权机制变得更加完善。

在初创企业融资的早期阶段，分阶段兑现股权以确保团队的稳定性，是促进公司发展的有效手段。在当前的中国市场上，最常见的兑现手段是合伙人持有的股权在4年内分4次兑现。每当合伙人在初创公司工作满一年，他所持有的1/4的股票就会被解锁，成为普通股并可以兑现。

股权分期兑现虽然限制了合伙人的股权处置权限，但不影响合伙人的投票权和分红权。如果合伙人提前退出公司，企业将收回尚未兑现的股权，对于已经兑现的股权，视合伙人的离职原因，不同企业也有不同的处置方法。

此外，股权分期兑现的条款还常常出现在企业和风投机构的融资文件中。一些创业者认为，该类条款的推出是为了保护投资者，事实并非如此，股权分期兑现的最大受益人其实是企业和创业团队。如果一家企业有多个联合创始人，并且有创始人在中途想要退出公司，那么除非有股权回购机制，否则离开的创始人就带着股权走了，留下的创始人还要为他无偿工作。

创业团队如果没有股权分期兑现机制会怎么样呢?

以某企业为例，该企业最初的注册资金只有50万元人民币，其中一位出资20万元的合伙人持有公司40%的股权。6个月后，该合伙人退出了公司。由于该企业尚未制定分阶段兑现的股权分期和回购机制，《中华人民共和国公司法》中对此也没有具体的规定，导致该企业无法以合理的价格回购股权。

在中国当前的市场条件下，大多数初创企业规模较小，注册资本普遍不高，50万元左右就可以成立一家企业了。初期的资金贡献只能解决企业最基础的资本问题，管理团队则为公司的发展做出了最为重要的贡献。创业团队的经营管理是项目取得成果的主要因素。为此，初创企业要分配限制性股权，并设立股权的分期兑现机制，将限制性股权的兑现条件与服务年限挂钩。

创业合伙人之间需要签署书面协议，预先设计好股权的分期兑现机制，如果创始人中途离职，企业的剩余股东就可以预先商定的价格回购离职者的股权，既能防止企业人财两空，也能防止创始人过早离开，不劳而获。

大多数情况下，根据企业的商业模式和行业领域的不同，股权分期兑现的方式也不尽相同。总体来看，有以下4种通用的分期兑现方式，如图4–2所示。

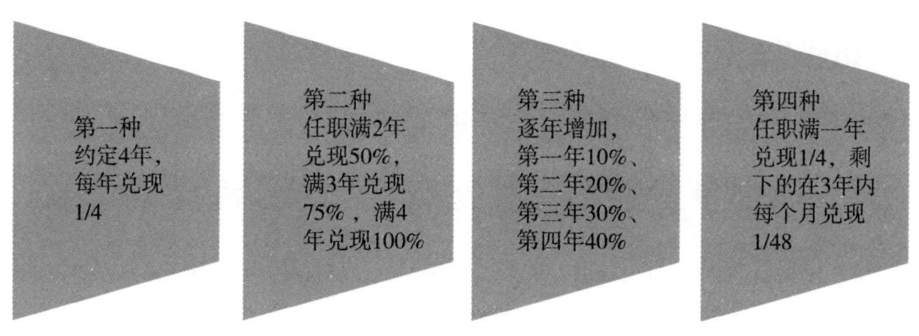


**图4–2　股权分期兑现的4种方式**

以上4种兑现方式的前提条件是，合伙人在企业的服务年限最低要满足一年。为公司服务的时间越长，获得的股权收益也就越多。利用这种股权分期兑现的方式，将创业合伙人和企业的发展牢牢地绑在一起。

此外，股权分期兑现的另一个重要作用是，避免因创始人离职引起不必要的股权纠纷。无论是“好聚好散”还是“撕破脸”的争执，限制性股权的分期兑现都最大限度地减少了个别创始人离职对公司的影响，保证了在其退出后公司可以继续稳步发展。

## 三、股权回购：过错回购与无过错溢价回购

在企业发展过程中，由于某些合伙人对企业的发展战略等存在异议，长期如此必然会影响企业内部的凝聚力，进而影响企业发展。因此在必要的情况下，企业可以与合伙人通过设立合理的股权回购机制帮助双方理智面对分歧。

企业通过合理的价格回购分配给合伙人的股权属于股权回购的范围，股权回购机制通常也适用于中途离职的合伙人。为了确保企业的稳定发展，维护企业创始人、其他合伙人的合法权益，《中华人民共和国公司法》对股权回购有严格的限制。股权回购可以分为两种类型：一是过错回购；二是溢价回购。

### 1.过错回购

过错回购是指因股东出现过错而购回股权的方式。

例如，李某是甲公司的实际控股人，持有甲公司75%的股权，张某和王某分别持有甲公司5%的股权。需要言明的是，甲公司为有限责任公司。

甲公司的子公司乙公司于2019年10月提议为丙公司提供5000万元担保，张某表示不赞同，并且提出可以召开股东大会就此项议案进行讨论，王某则持保留意见。但是，李某并没有召开股东大会听取股东意见，而是直接执行了这一措施，导致其他股东权益受损。除此之外，甲公司还存在下列未召开股东会就对外投资或转让公司主要财产的行为：

未经股东会讨论决定，亦未由董事会作出相应决议便将子公司丁公司的注册资金从1000万元增至2000万元，将戊公司的注册资金从50万元增至500万元。

2020年1月18日，甲公司董事会决定由王某代持甲公司在己公司的股权，董事张某明确表示不同意，并建议由股东会确定，但该建议未被采纳。甲公司便将其在己公司价值700万元的股权转给王某代持，损害了股东张某的合法权益。

对此，张某认为其合理权益受到侵犯，再继续持有甲公司的股票只会让自己的利益进一步受到损害，因此要求甲公司以合理的价格回购其股权。

此案交给法院审理，法院一审结果认定甲公司存在多次应召开股东会而未召开或未通知张某参加股东会的情形，剥夺了张某对重大事项的表决权，损害了其合法权益。所以张某要求甲公司以合理的价格回购其股权，符合《中华人民共和国公司法》第七十四条第一款规定的实质条件，应予准许。甲公司不服，提起上诉，二审维持原判决。

上述案例是因为公司出现过错引发的股权回购行为，即过错回购。

**2.溢价回购**

溢价回购与溢价收购是两个不同的概念。溢价回购是指公司为了购回自己的股权，以高于市价的价格从其他公司（投资者）手中进行收购。

假设以乙公司为主的投资者大量买入甲公司的股票，买入的目的就是逼迫甲公司回购，并且以高于他们买入的价格进行回购。而甲公司考虑到公司股票被以乙公司为主的投资者大量收购，自己之后将有完全被收购的可能，所以愿意花高价买回自己的股票。

这种行为就像是“敲诈”，甲公司是被“敲诈”方，甲公司想要息事宁人就需要支付高额赎金给乙公司。

溢价回购能在短时间内让股价上涨，但对企业长期发展会造成不利影响。

溢价收购是指公司为了得到其他公司的股权而向其他公司支付高于市场价格的价格进行收购。

著名的溢价收购案例，如阿里巴巴用95亿美元溢价收购“饿了么”全部股份，就是因为近年来外卖平台的高速发展保证了饿了么的长期增长。2017年，外卖市场规模约为2046亿元，同比增幅高达23%；2018年，外卖市场规模达到4415亿元，同比增幅高达112.5%；2019年外卖市场规模达6500亿元，同比约增长47.2%。饿了么在我国外卖市场中是唯一一家能与美团相抗衡的平台，发展前景不可估量，因此被阿里巴巴进行溢价收购实属理所当然。

## 四、股权增发：动态调整合伙人的股权份额

随着企业不断发展，股权的分配方案不能一成不变，应该根据实际情况有所变化，比如由从前的静态分配转变成动态分配，也就是充分考虑企业在不同的发展阶段，合伙人所做出的贡献需要与其手中所持股份比例相匹配。

动态调整对大多数创业企业来说，都是一个棘手的问题。因为企业

发展到中后期，很多合伙人对自己的身份会有相应的心理定位。所以，如果股权份额分配轻易调整就容易给合伙人造成非常大的心理落差。试想，既然不能通过重新分配已有股权份额的方式来达到目的，是否可以通过额外增加份额的方式来进行调整呢?

在创业之初，企业的股权依据每位创始人的相应贡献进行分配。虽然在企业高速发展的初期，上述股权分配的逻辑通常是适用的，但企业一定要未雨绸缪，尝试定期增发股份，同时也要根据个人的业绩贡献等方面进行分配。通过这样的动态调整，当企业发展逐步趋于稳定时，股权架构也会相对稳定。例如，某合伙人在企业发展过程中如果采取通过业绩拟定相应的股权增发比例，后期业绩一旦下降，其持股比例也一定会下降。

动态分配股权有利于企业发展是毋庸置疑的，但如何合理地规定每年股份的增发比例才能实现利益的最大化呢？举例加以说明。

某公司由4位不同的创始人创立，各自情况介绍如下：

A某创业之前在某企业担任高级运营总监。A某的客户谈判能力与运营能力都非常强，是新公司的核心成员。

B某之前在外资企业担任产品总监，是A某多年的合作客户，与A某彼此十分信任且很有默契。B某擅长管理、设计，有丰富的客户资源。

C某系A某原公司下属，对A某人品及能力非常认同，与A某一起辞职全力创业。C某有较强的设计能力，可独立开展工作。

D某是B某的老乡，合伙创业前主要负责营销，营销策划能力比较强，辞职后追随B某共同创业，在新公司也主要负责营销工作。而且D某家境优越，创业公司的启动资金大部分由其提供。

在公司的发展过程中，B某近几年的贡献率都非常低，因此B某的持股比例有了较大幅度下降。一开始大家对此都能够接受，因为新增发股权分配方案所考虑的主要依据就是当事人当年的业绩贡献。但时间一长，B某心中逐渐不满，于是提议调整分配方式。

针对该提议，几位创始人展开了激烈的讨论，商讨过后决定采取“股权—业绩”二元分红法。

在我国市场中，尚未上市的企业可以设置“同股不同权”结构，“股权—业绩”二元分红法则充分运用了这一特征，将年度分红核算凭据一分为二，既考虑了历史股权，又结合了当下贡献，同时赋予相应的权重，与传统分红主要考虑股权比例的做法拉开了差距。也就是说，假设B某历史股权权重为40%，而当下贡献权重为60%，那么该企业分配给乙某的年度分红比例=上年度股权比例×40%+本年度业绩比例×60%。

该企业通过增发股份，并且采取了“股权—业绩”二元分红法，将初创企业存在的股权分配问题进行了有效解决。

上述案例中，4位合伙人之间充分的信任和对待利益时开放的态度是意见最终能够达成一致的关键因素。股权分配用动态的方式，依据的是合伙人的贡献。而对于贡献的定义，不同的行业、不同的企业各有其特色，这就需要企业的合伙人共同商议然后达成一致意见。

很多创业企业的合伙人最初对涉及自己利益的事情都羞于启齿，但是一旦分配模式确定以后又觉得吃亏，希望重新设定分配模式。这样做对企业是极其不负责任的，所以采用动态分配模式对企业来说不可或缺。

## 五、股权限制：详细限制性条款保证企业股权稳定

成熟合伙人退出机制中的最后一个关键步骤是对股权的限制，即在设

计退出机制时加入详细的限定性条款，以此保证企业的股权稳定。

对一家企业来说，如果对股东在股权退出时毫无限制、毫无要求，就会对企业造成很大的伤害。在详细了解限定性条款之前，先带大家了解一下合伙人的退出方式，如图4-3所示。

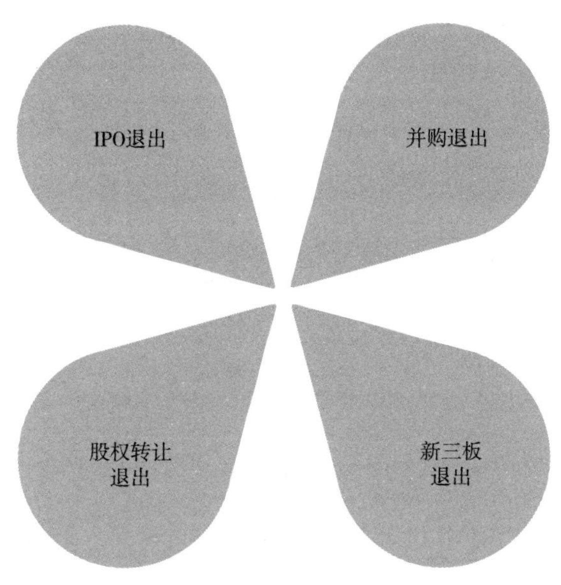


**图4-3　股权退出方式**

### 1. IPO退出

IPO的意思是首次公开发行股票（Initial Public Offering）。IPO退出是指通过在证券交易所挂牌，企业的投资人可以实现资本退出的路径。上市退出是最常见的资本退出方式，根据相关机构调查显示，30%以上的风险投资家会选择以上市退出方式实现资本的退出。

上市退出之所以受到投资人的青睐，主要是因为这一退出路径的回报率极高。例如，投资人有可能因为这种退出方式实现几倍或者十几倍的回报率。但需要注意的是，由于受到资本市场成熟程度的影响，能够真正达到上市标准的企业少之又少，这对投资人而言，风险无疑是非常大的。

**2.并购退出**

并购是指兼并与收购。企业兼并是将两家或两家以上的企业组合为一家企业，并且互补有无，以此提升企业竞争力。企业收购是指A企业购买B企业的全部资产，以此获得B企业资产的所有权。相较而言，企业收购退出比企业兼并退出更能够获得投资者的青睐。

并购退出是指风险投资家将股权转让给需要的企业，从中获益并完成退出。虽然并购退出的利润比上市退出要少，但是仍有不少投资人愿意选择这一退出路径，这主要是因为并购退出的收益虽相对较少，但风险却较低。

**3.新三板退出**

根据《全国中小企业股份转让系统业务规则（试行）》的规定，企业在新三板融资可以采取协议方式、做市方式、竞价方式或其他方式进行。做市商制度是证券市场中的重要交易规则，需要具备相当实力与信誉的法人担任市商职位，以自己持有的资金及证券与投资者进行交易，向投资者提供买卖价格，满足投资者的买卖要求，其获益方式是赚取差价。协议转让既是新三板挂牌股票买卖的方式之一，也是与做市转让方式相适应的制度安排。

新三板是中小企业进行融资的一个较佳市场，不仅具备一定的融资功能，而且政府政策也支持，并且有可能带来并购预期，能够促进企业发展。另外，对机构及个人来说，协议转让和做市转让都是不错的退出方式。

**4.股权转让退出**

股权转让退出方式相对而言简单便捷，也就是合伙人将自己手中所持股份合理合规地通过有偿的方式转让给他人，进而获得资金并且完成退出。与二级市场的退出价格相比，股权转让退出方式的价格较低。

明确了合伙人可选择的退出方式，便可以针对退出方式拟定限制性条款。发放限制性股权可以有效地减少合伙人离开时股权的退出纠纷，它同样也是股权激励常用的有效手段之一。所谓限制性股权，其实它与国家颁布的经济适用房政策有异曲同工之妙。

提到经济适用房，大多数人都不会感到陌生，这是国家制定的一项住房保障政策，意在给经济条件不足的家庭提供一个稳定而较为便宜的住所。申请经济适用房是需要条件的，符合条件且经有关部门批准后才可以购买。一般来说，经济适用房通常建在城市边缘，因此房屋的单价远低于周边商品房的单价。它与商品房最大的差别是5年之内禁止转让。

限制性股权与经济适用房相比有很多相似之处，如果创业合伙人分配的是限制性股权，那么股权的转让将会受到限制。限制性股权一样可以享有分红、表决权、管理权等股东权益，但是股权在规定的期限内禁止转让。

限制性股权的转让必须满足以下3个条件，如图4–4所示。

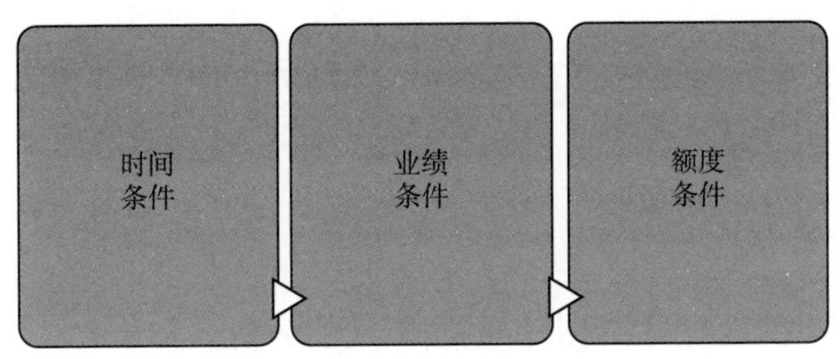


**图4–4　限制性股权的条件**

（1）时间条件。限制性股权的转让有时间条件，企业一般会规定合伙人持有股权3年或4年以上才能转让给他人。如果在规定期限内，创业合伙人选择离开公司，其所持股权就要被公司回购，不能随人带走。

（2）业绩条件。为了让限制性股权起到一定的激励作用，除了设置转让期限外，公司还会要求一定的业绩条件。合伙人对企业的贡献满足了业绩条件才有资格转让限制性股权。

（3）额度条件。满足了时间条件和业绩条件，限制性股权就可以转让了，但是一次转让多少？分几次转让？这涉及具体的额度条件。如果企业规定限制性股权的解锁期为4年，分4次解锁，那么假设合伙人在2018年10月有1万股限制性股权过了解锁期，则2019年10月可以转让出2500股，2020年10月可以转让出2500股，这样一直到2022年才能完成限制性股权的全部转让。

限制性股权加深了企业与合伙人的羁绊，转让期限的设置让合伙人想要退出企业时必须三思而后行。一方面，增强了企业的稳定性；另一方面，合伙人也从中得到了实实在在的好处：一是股权的收益分红，二是股权附加的其他股东权益。限制性股权既没有损害合伙人的利益，也没有削弱合伙人的权利，对离开的合伙人和留下来的合伙人都很公平。

## 第三节　知名企业合伙人股权退出的案例分析

前文已经介绍了合伙人退出机制5步法，接下来将以几个知名企业的案例对合伙人股权退出机制进行更加深入的分析。

### 一、【案例】阿里巴巴在合伙人制度上的精妙设计

合伙人制度对于大多数企业来说都不会陌生，而且很多企业的合伙人制度十分相似，但是阿里巴巴的合伙人制度却与其他企业有所不同。因为

阿里巴巴的合伙人是一种特殊的身份，与传统法律定义的“普通合伙人”存在很大的差别。

**1.浅谈阿里的合伙人制度**

在我国法律规定中，“合伙人”既具备了管理企业的责任，也享有与之相对应的权利，同时还是承担企业债务的一分子。然而，我们结合阿里巴巴在其招股说明书中对于“合伙人”的定义，不难发现阿里巴巴的“合伙人”与传统法律定义的“普通合伙人”仅仅是在文字和内涵上相同，实质上却存在明显的差别。在企业中，一般来说合伙人与股东的身份是等同的，然而阿里巴巴虽然明确要求了合伙人必须持有相对应的股份比例，但是除了永久合伙人以外，合伙人在60岁或之前必须退休或者离开阿里巴巴，与此同时还不能保留合伙人身份，必须一并退出。

另外，阿里巴巴合伙人的职权与企业董事的职权也不一样。根据阿里巴巴在其招股说明书中对于“合伙人”的叙述，在阿里巴巴集团内董事会掌握着运营权，而其合伙人会议是无法僭越董事会对阿里巴巴集团进行管理的，其主要职权是提名董事会成员。由此可见，阿里巴巴的合伙人不具备直接行使阿里巴巴运营管理的权利，但是可以掌握董事会人事的控制权。

阿里巴巴的企业文化一直以来为人称道，其中很大一部分原因可以归功于阿里巴巴合伙人制度。因为阿里巴巴合伙人的具体职责是推广企业的使命愿景与价值观，完善阿里巴巴的企业文化，是精神层面与身份层面的职责。也正因如此，阿里巴巴的合伙人制度不要求合伙人承担无限连带责任，不具备财产赔偿责任。

从浅层意义来看，阿里巴巴集团的合伙人对董事也只是具备提名权而非决定权，但如果对其章程内容进行详细探索，不难发现其中大有玄机。

根据阿里巴巴在其招股说明书中关于“合伙人”的资料，合伙人提名的董事需要通过年度股东大会与会人员的一半以上同意才能当选，成为阿里董事会中的一员。然而，如果合伙人提名的人选没有通过，或者通过以后离开董事会，那么合伙人便有权指定一名人员担任董事会临时会员，以此填补空缺，并且由其担任至下一届股东大会的召开。

除此之外，阿里巴巴在其招股说明书中还明确指出，只要董事会成员数量少于合伙人提名的简单多数，时间不限、原因不限，合伙人都有权指定一名人员担任董事会临时会员。

由此可见，无论股东大会上合伙人提名的董事会成员是否获得同意并且通过，合伙人都有权使其推举的人选行使董事的权利。当然，在实际运行中，阿里的合伙人也已经通过运用这些规则控制了半数以上的董事席位。

招股说明书中显示，当时阿里巴巴的董事会成员共9人，其中4人是由合伙人提名的；在招股结束后增加2人，同样也是由阿里合伙人提名的。另外，软银、雅虎与阿里达成协议，在股东大会上将会给合伙人提名的成员投赞成票。

虽然软银和雅虎股权所持比例较高，而阿里的合伙人团队只持有24.1%的股份，但阿里合伙人却控制了董事会的话语权。

另外，为了保证合伙人提名董事成员的权力能够保持下来，阿里巴巴规定，如果要对关于合伙人提名权的任何事项进行修改，就需要年度股东大会与会人员的95%以上同意才能通过。

阿里巴巴上市后，马云持有阿里巴巴集团股份比例为7.8%，蔡崇信持有阿里巴巴集团股份比例为3.2%，二者都是阿里巴巴的永久合伙人。由此可见，阿里的合伙人“董事提名权”异常稳固，无隙可乘。

尽管最近阿里巴巴的合伙人任职条件变得比以前简单，但仍有明确的客观条件，即为阿里巴巴或者密切关联公司工作5年以上。

阿里巴巴集团中，满足条件的候选人需要通过现有合伙人向合伙人委员会提名推荐，通过之后才能成为新的合伙人，而现有合伙人每个人都具有一票的投票权，则选拔时需要75%以上的合伙人通过，候选人才可以当选为新合伙人。新候选人的选拔一年进行一次。

除此之外，阿里巴巴还要求只有在公司中持有相应比例股份的人，才能当选新合伙人。从这个角度来看，能够当选的人员往往都是早已获得了股份的位高权重的管理人员。在阿里上市之后，阿里巴巴集团合伙人的数量约为30人，但核心合伙人仍由以马云为首的5人组成。

**2.合伙人制度中的退出机制**

招股说明书中显示，阿里巴巴的合伙人一旦出现如下任何一种情况时，就丧失了作为阿里巴巴集团合伙人的资格：60岁、自愿退休、死亡、丧失行为能力、合伙人会议与会人员50%以上赞成除名。

阿里设置了永久合伙人与荣誉合伙人两种具备特殊权力的合伙人，并且予以相应的规定。根据规定，永久合伙人除非自愿退休、死亡、丧失行为能力、合伙人会议与会人员50%以上赞成除名，否则可以一直拥有合伙人的身份。在上市之初，阿里巴巴的永久合伙人就是马云和蔡崇信。当然，永久合伙人也可以通过选举产生，或者由在职的甚至是退休的永久合伙人指定产生。

除此之外，阿里退休的合伙人也可以被选为荣誉合伙人。荣誉合伙人虽然不能行使合伙人的权利，但可以获得奖金池中的奖金分配。而阿里的永久合伙人如果不再是阿里的员工，则不能获得奖金池中的奖金分配。

根据上述两个方面的阐述，可以得出阿里巴巴合伙人制度的4个如下优点：

（1）阿里巴巴的合伙人会议实现了某种程度上的集体领导，对提升公司内部的激励性起到了促进作用，而且相对于将企业投票权集中在某些创始股东手中的股权结构而言，合伙人制度有非常明显的积极意义。

（2）因为阿里巴巴集团的合伙人制度与持有股权规则结合得并不十分密切，所以十分有利于现有合伙人实现部分套现，但仍继续保有公司控制权的目的。

（3）阿里巴巴的合伙人制度具有较强的纠错作用，这种纠错模式不仅规定了退休、除名等退出机制，还对马云等永久合伙人同时发挥效用，展示了这项制度的包容性和普适性。

（4）阿里巴巴合伙人的选举制度，虽然表面上看是以集团为主，但其实仍然由马云等创始人决定，证明了企业的核心控制权仍集中在马云与蔡崇信等创始合伙人的手中。

当今互联网企业的迅猛发展，虽然需要借助资本的力量，但大量资本的涌入肯定会削弱创始管理团队对于企业的控制力，所以通过一定手段实现对企业的掌控是必不可少的。

## 二、【案例】冯大辉退出丁香园所引发的股权纷争

“丁香园”CTO冯大辉主动离职曾闹得人尽皆知，这场围绕着“创业期权”产生的纠纷，从最初的“暗战”到社交网络上的“明斗”，让外界格外

关注。虽然当前创业公司到处都是，股权纠纷也数不胜数，但冯大辉与丁香园的股权纠纷却是其中最典型也最具有研究意义的一个案例。

冯大辉与丁香园产生矛盾的消息最早在其朋友圈中被曝光。他在自己的朋友圈中发消息称："个人与公司谈判过程中，公司永远处于上风。不过，总想占员工便宜的公司能走多远。"随后，他又说，"保护员工的权益是创业者的责任和义务，如果肆意践踏你的责任和义务，失去信誉，谁还能跟你卖命呢？"

鉴于冯大辉在媒体圈的知名度，该朋友圈立刻引起业内人士关注，消息迅速传播开来。外界最初以为纠纷仅仅是因为管理层的不和，但大家后来发现，团队的不和只是表面现象，冯大辉的离职所牵扯的其实是期权利益的纠纷。

2016年，原丁香园CTO、IT界的网红冯大辉在入职丁香园时约定了期权，公司上市以后可以行权。但冯大辉在工作6年后离职，当时公司尚未上市。由于冯大辉本人在互联网界的知名度，因此当时的离职吸引了很多人的关注。就这个案例，值得我们思考的地方包括以下几个方面：

第一，没有拿到的期权，只是一种期待利益，并不是完整的权利。期权不是股权。很多人觉得公司估值如果很高，公司上市以后就能兑换成相应的金额。所以如果他提前离职了，也应该按照这个金额补偿给他，或者按这个金额把他享有的期权回购回去。

首先，除非公司和员工签订的协议里对提前离职的回购有明确约定，否则是谈不上回购的，属于员工的才能回购。而期权在产生争议时，权利还属于公司原来的股东，并没有做股权转让，只有达到约定的特殊条件才转让给员工，所以谈不上回购。

其次，公司在上市前的估值不能作为员工离职时公司价值认定的依据。因为公司的估值是不断变化的，而且上市前的估值不一定能达到上市时的标准。就像美团上市前，瑞银给予美团高达1094亿美元的估值，但美团上市后却只有508亿美元的市值。所以，期权的价值只有在行权的那一刻才能确认，不能用公司上市前融资时的估值判断。

第二，要想避免出现纠纷，最重要的还是在双方协议中约定好出现各种情况和僵局时的解决办法。例如，可以约定员工提前离职的，按照公司上一年审计的净资产的2倍计算公司价值，按照与之对应的比例补偿员工；或者明确约定，在行权条件到达前员工离职的，员工一律不得主张任何利益。

第三，对员工而言，最重要的就是尽快把期权变成股权。在最初约定时，尽量约定一些自己肯定能达到的行权条件，如工作年限或力所能及的工作任务，而不要约定如上市等存在很多不可控因素的条件。

# 第二部分　股权众筹

随着企业的不断发展壮大，股权的分配模式也会发生变化，股权众筹就是其中一种较为重要的模式。本部分将就股权众筹的概念、企业如何利用众筹、企业如何利用平台完成众筹3个方面进行详细分析。

# 第五章　如火如荼发展中的股权众筹模式

随着我国经济的不断发展，国内企业发展变得更加迅速，国人的可投资资产也日渐增多，因此企业股权分配模式中的众筹模式应运而生。本章将以真实案例为阐述依据，详细介绍股权众筹模式的含义。

## 第一节　股权众筹的基本概念

股权众筹是企业面向平台投资者的一种融资方式，同样需要出让一定比例的股份，因其基于互联网渠道运行，又可以解释为“股权众筹是私募股权的互联网化”。

目前，人们对于股权众筹的认识有争议，还有一部分人将其与非法集资混为一谈，因为股权众筹面向的对象不确定，且属于公开募资，所以容易涉嫌非法集资。

《中华人民共和国公司法》规定：

> 第一百三十七条　股东持有的股份可以依法转让。
>
> …………
>
> 第一百三十九条　记名股票，由股东以背书方式或者法律、行政法规规定的其他方式转让；转让后由公司将受让人的姓名或者名称及住所记载于股东名册。股东大会召开前二十日内或者公

司决定分配股利的基准日前五日内，不得进行前款规定的股东名册的变更登记。但是，法律对上市公司股东名册变更登记另有规定的，从其规定。

第一百四十条　无记名股票的转让，由股东将该股票交付给受让人后即发生转让的效力。

由此可知，股权众筹就相当于以原始股权为回报，吸引一批投资者共同开公司，这是一种符合《中华人民共和国公司法》规定的处理办法。

同时，《中华人民共和国证券法》第九条规定：

公开发行证券，必须符合法律、行政法规规定的条件，并依法报经国务院证券监督管理机构或者国务院授权的部门注册。未经依法注册，任何单位和个人不得公开发行证券。证券发行注册制的具体范围、实施步骤，由国务院规定。

有下列情形之一的，为公开发行：

（一）向不特定对象发行证券；

（二）向特定对象发行证券累计超过二百人，但依法实施员工持股计划的员工人数不计算在内；

（三）法律、行政法规规定的其他发行行为。

非公开发行证券，不得采用广告、公开劝诱和变相公开方式。

上述相关法律虽然对股权众筹做出了限定，但仍在很大程度上为股权众筹提供了便利。除了中国对股权众筹持肯定态度，美国也对新兴企业的成长予以了极大的便利，于2012年4月颁布了《乔布斯法案》。

对此，国务院发展研究中心金融研究所田辉分析称：“近年来美国资本市场服务中小企业的能力不断下降，而高成本和高负担被视为症结所在，因此试图以监管的放松作为解决方案。

“乔布斯法涉及的内容全面系统，包括对认定的新兴成长企业（EGC）简化IPO发行程序、降低发行成本和信息披露义务；在私募、小额、众筹等发行方面改革注册豁免机制，增加发行便利性；提高成为公众公司的门槛等。我国应加强紧迫感，加大资本市场改革力度，尽快推出类似的系统性改革措施，并借鉴其中的一些监管思路和方式。”

田辉还在其论文《美国乔布斯法分析及对中国的启示》中写道：“乔布斯法的颁行在美国乃至全球许多国家引发了巨大反响。英国、一些欧元区国家、日本等都相继表达了出台类似法律的呼声。”这在一定程度上使人们将其与美国于2002年颁布的《萨班斯—奥克斯利法》联系起来。

田辉在其论文中还写道，“在乔布斯法中，确立了对众筹融资的发行豁免条件：发行人每年最高合计的众筹融资不超过100万美元；投资者的投资金额需满足以下要求：第一，年收入少于10万美元的个人累计投资至多为2000美元或年收入的5%中的较高者；第二，年收入超过10万美元的个人可将其收入的10%用于投资。必须通过经纪人或资金门户进行众筹融资”。

股权众筹这种新型的投融资方式，对于当今企业发展来说已经变得不可或缺。因此，企业的管理者有必要对股权众筹的概念有相对清晰的认知和了解。

## 一、股权众筹与股权投资的区别

股权众筹似乎与股权投资有相似之处，但股权众筹与股权投资仍有很大区别。

从融资的角度来看，股权众筹既是基于互联网平台、以股权转让与交易为手段的一种新型投融资模式，也是需要出让一定比例的股份来吸引大众投资者投资的融资方式；普通投资者可以通过投资入股，获得未来股权、分红等收益回报。

而股权投资则是指用投资取得发行股份单位的股权。具体而言，它是个人投资者或者企业投资者对目标企业（未上市或准备上市）的股份进行购买，或者用货币资金、无形资产及其他种类的实物资产对其他企业进行投资，并以此获得未来收益的一种模式。

通过上述内容不难发现，股权众筹与股权投资之间最为明显的差别便在于投资对象上，股权投资的标的物通常是发展成熟、体量较大的大中型企业，而股权众筹则是对个人创业者或者小微企业发起的。

股权众筹和股权投资还有另外一个较为明显的区别，即两者的收益成长性有很大差异。如果不考虑投资风险的因素，那么创业型小企业的发展前景与成长价值将不可估量，但是大型或中型企业可能很难取得太大的成长性突破。所以，股权众筹的增值空间似乎更大一些。

再者，与股权投资相比，股权众筹更加具有开放性和大众性。因为股权众筹本质上就是在借助互联网平台的“开放”特征，让更多的社会投资者支持并参与到企业的发展中，共同分享发展的红利；而股权投资通常只面向特定的投资人，所以很明显其开放性不足。

对比来看，股权众筹的开放性能够让其拥有更加透明的交流渠道，使对接过程更有效、更直接，大大降低了沟通成本和时间成本，十分符合创业者与小微企业的发展趋势。

此外，两者还有一点不同，即股权投资的隐性成本较高。对项目方来说，对接的投资人数量有限，所以很难找到相契合的投资人；而对一般投资者来说，又缺乏相应的金融和投资知识，且对交易结构、交易估值难以进行科学把控，所以往往会承担非常大的投资风险。

以上所述即股权众筹与股权投资的不同之处，相较来看，股权众筹似乎更符合时代发展的趋势。

## 二、企业进行股权众筹的基本流程

在股权众筹项目进行时，往往需要三方角色进行参与，即项目发起人、项目出资人及众筹机构。项目发起人也就是企业本身，大多数情况下都是资金紧缺的小微企业；项目出资人也就是投资者，但与平常所见的投资者不同，股权众筹的投资者通常都是有较多资金及一定的风险承受能力，同时愿意通过股权的方式获得回报的普通大众；众筹机构通常都是对接企业及投资者的中介机构或者互联网金融平台。在三者的共同作用下，股权众筹项目就此完成，如图5–1所示。

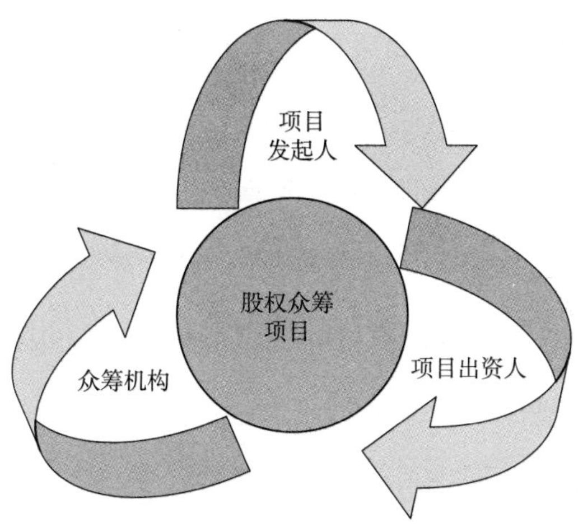


**图5–1 股权众筹三大主体**

股权众筹三大主体各自履行相应的义务、承担风险，并按照一定的流程运作股权众筹项目，具体步骤如下：

**1.项目获取及筛选**

首先由项目的发起人向众筹平台提交项目申请材料，包括项目策划书或者商业计划书。在提交的申请材料中要体现预定的融资金额、融资时限、拟出让的股份数量和价格，以及可让渡的股权比例和筹款的截止日期等。其中，商业计划书中要介绍发起人的基本状况、项目的优势和未来发展前景、实施计划、筹措到的融资用途等详细信息。

众筹平台在收到发起人提交的项目申请后，根据制定的筛选标准对项目进行审核，审核通过后，项目就可以在众筹平台上展示，供投资人阅览。

**2.项目推介及投资**

通过审计的项目可以获得一个项目网页，发起人可以通过文字、照片、视频等形式创建宣传自己的项目网页，在平台上推介自己的项目。

在项目的演示过程中，如果投资者愿意参与众筹，就会通过平台认筹。如果在资金筹措期限内达到目标资金筹集金额，项目发起人就可以获得相应的资金；如果未达到目标资金筹集金额，筹集金额就会返还投资者。项目众筹成功后，众筹平台会与投资者进行交流和沟通，以确定“领投人”和“跟投人”，并监管项目的资金筹措过程，根据参与项目投资的总人数建立合伙企业，合伙企业则成为融资企业的股东。

**3.项目投资及管理**

项目成功融资后，由平台牵头，投融方签署法律协议并对融资额进行登记。获得资金后，发起人将开始实施项目，建立定期的信息披露机制，及时向投资方传递项目实施、收益分配、利润获取等信息。除此之外，投资方可以参与融资企业的日常运营，并监管其财务状况、治理结构、未来战略计划等。

**4.项目推出阶段**

股权众筹成功的项目，投资人可以通过后续投资人的股权收购、融资企业的股权回购等方式退出股权众筹项目；众筹没有成功的项目，相关资金在筹措期限截止后就会返还给投资人。

与私募股权相比，股权众筹的流程主要借助互联网完成，所以股权众筹又叫作“私募股权的互联网化”。股权众筹的发起人、投资者和众筹平台必须严格遵守这四大流程，才能高效、安全地完成融资。

## 第二节　股权众筹的常见类型与选择技巧

根据《私募股权众筹融资管理办法（试行）（征求意见稿）》[①]的规定，股权众筹有限定的适用范围、基本原则等，具体条例如下：

> 第一条　【宗旨】为规范私募股权众筹融资业务，保护投资者合法权益，促进私募股权众筹行业健康发展，防范金融风险，根据《证券法》《公司法》《关于进一步促进资本市场健康发展的若干意见》（国发〔2014〕17号）等法律法规和部门规章，制定本办法。
>
> 第二条　【适用范围】本办法所称私募股权众筹融资是指融资者通过股权众筹融资互联网平台（以下简称股权众筹平台）以非

① 中证协发〔2014〕236号。

公开发行方式进行的股权融资活动。

第三条 【基本原则】私募股权众筹融资应当遵循诚实、守信、自愿、公平的原则，保护投资者合法权益，尊重融资者知识产权，不得损害国家利益和社会公共利益。

第四条 【管理机制安排】中国证券业协会（以下简称证券业协会）依照有关法律法规及本办法对股权众筹融资行业进行自律管理。证券业协会委托中证资本市场监测中心有限责任公司（以下简称市场监测中心）对股权众筹融资业务备案和后续监测进行日常管理。

第五条 【平台定义】股权众筹平台是指通过互联网平台（互联网网站或其他类似电子媒介）为股权众筹投融资双方提供信息发布、需求对接、协助资金划转等相关服务的中介机构。

第六条 【备案登记】股权众筹平台应当在证券业协会备案登记，并申请成为证券业协会会员。

证券业协会为股权众筹平台办理备案登记不构成对股权众筹平台内控水平、持续合规情况的认可，不作为对客户资金安全的保证。

股权众筹有两种分类方式，一种是从是否担保角度进行分类。这种分类方式将股权众筹分为两类：一是无担保股权众筹，二是有担保股权众筹。

无担保股权众筹是指投资人在众筹投资的过程中无第三方公司提供相关权益问题的担保，现今我国采用的众筹方式大多是无担保股权众筹。而有担保股权众筹是指股权众筹项目在进行众筹的同时，有相应的第三方公司提供固定期限的担保，到目前为止在国内只有少数的众筹项目采用了这种模式，且尚未被众多平台接纳。

另一种分类方式是根据特征进行分类，可以将其分为3类，分别是凭证式众筹、会籍式众筹及天使式众筹。

## 一、只获凭证不成为股东的凭证式众筹

凭证式众筹是指企业平台通过捆绑凭证和股权并将其出让，以换取资金的方式。投资者自己可以获得相关凭证，该凭证一般直接与企业或者企业项目的股权挂钩，能够对其产生影响，但是投资者却不会成为企业股东。

凭证式众筹通常采用购买证券的方式，即企业发行证券，投资人进行购买，从而实现股权的众筹。而对于证券的交易，《中华人民共和国证券法》中有明文规定：

> 第十五条　公开发行公司债券，应当符合下列条件：
>
> （一）具备健全且运行良好的组织机构；
>
> （二）最近三年平均可分配利润足以支付公司债券一年的利息；
>
> （三）国务院规定的其他条件。
>
> 公开发行公司债券筹集的资金，必须按照公司债券募集办法所列资金用途使用；改变资金用途，必须经债券持有人会议作出决议。公开发行公司债券筹集的资金，不得用于弥补亏损和非生产性支出。
>
> 上市公司发行可转换为股票的公司债券，除应当符合第一款

规定的条件外，还应当遵守本法第十二条第二款的规定。但是，按照公司债券募集办法，上市公司通过收购本公司股份的方式进行公司债券转换的除外。

凭证式众筹有相关案例，即“美微传媒”。

2012年10月5日，“美微会员卡在线直营店”在淘宝上线，店铺负责人是美微传媒的创始人朱江。在创立美微传媒之前，朱江曾经在很多家互联网公司担任高管。之后，他想要自己创业，但一直拿不到风险投资。

朱江想要依靠众筹进行创业，但是当时国内还没有众筹融资的案例，所以朱江一直在思考，到底该怎样做这件事情呢？朱江回忆说：“我的微博上有许多粉丝一直在关注着这件事，当我说拿不到投资创业启动不了的时候，很多粉丝说，要不我们凑个钱给你吧，让你来做。我想，行啊，这也是个路子，我当时的确已经没有钱了。”

于是，朱江开始将融资这件事当作一个产品来做。他立刻创造了一种会员卡制度，在店铺里上架会员卡，购买该会员卡的会员不仅享有“订阅电子杂志”的权益，同时还可以获得美微传媒的原始股份100股。

仅仅用了一周的时间，美微传媒就吸引了1000多位股东。据朱江自己讲：“其实真正的数字是3000多位，之后我们退掉了2000多位，一共是3000多位投资者打来387万元……”

美微传媒经过筛选后，最终确定了1194位作为投资者。此后，美微传媒又在1194位老股东中募资了一次，并且一天之内完成。经过两次募集活动，美微传媒整体融资达500万元。

但是，美微传媒在淘宝网的这次众筹引起了巨大的争议。随后，美微传媒的淘宝店铺于2013年2月5日被阿里巴巴强制关闭。淘宝官方对外宣称淘宝平台不准许公开募股。

因为美微传媒的这次募股并没有得到证券监管部门的核准，所以被中国证监会认定为不合规。因此，美微传媒最后只能全额退款。

美微传媒在淘宝网上通过售卖凭证和股权捆绑的形式进行募资，不仅是一次新的尝试，更是国内互联网众筹事业的一个开端。

虽然此次众筹以失败告终，但是仍然有很多可以学习的地方，如投资者门槛低，就算只有几百元也可以购买股份。当然也要从中吸取教训，即公开募股的方式目前在中国还是受政策限制的。

因此，采用这种方式筹集资金最好是小范围进行，并确保股东人数少于200人。另外，募集地点也可以从一些较小的圈子或平台着手，尽量避免在淘宝之类的公开平台进行。如果希望获得更充足的资金，可以适当降低门槛，以提供更优质的服务来吸引投资者。

凭证式众筹的模式在大众式的文化、创意服务或产品等方面更为合适，所以凭证式众筹对一些小项目的创业者来说，是一种不错的筹资方式。但一定要进行规范化运作，不能发布虚假信息，而且能够保证投资回报按约履行，一定要远离集资诈骗等法律风险。

当然最重要的一点是，创业者要想让出资者青睐，众筹项目必须要有创意。

## 二、形成熟人圈裂变的会籍式众筹

会籍式众筹是指企业通过熟人、中介等介绍，在具备一定信任的基础上，投资者直接出资并且成为企业的股东。会籍式众筹的投资者不一定以财务盈利为主要目标，也有可能为了从中获得更多的人脉、交流价值等。

会籍式众筹有一个典型案例，就是“3W咖啡”。因为会籍式众筹聚集了一群有共同价值观的人，他们由此被“捆绑”在一个项目上。此咖啡项目的众筹更多的是搭建起一个圈子和平台，大家都是这个咖啡馆的股东，相互之间产生了交集，同时能够使互相之间的资源共享，从而产生比咖啡馆本身更大的价值。

3W咖啡成立于2010年11月，3位创始人分别是许单单、马德龙及鲍艾乐，他们同时也负责经营。值得一提的是，这3位创始人在后期还联合创立了“拉勾网”。3W咖啡是以股权众筹模式获得种子资金的新型咖啡馆，与其他咖啡馆休闲娱乐的性质不同，3W咖啡的定位为“以咖啡为载体，为创业培训及风险投资机构寻找项目搭建平台”。

成立之初，3W咖啡向社会公众进行资金募集。在此次众筹活动中，3W咖啡限定每人购买10股，每股价格定为6000元，也就是每个人6万元。众筹融资活动发起之后，3W咖啡迅速获得了大约180名互联网投资人或高管的投资，投资阵容相当豪华，包括“红杉资本基金”创始及执行合伙人沈南鹏、“乐蜂网”创始人李静、“新东方”联合创始人及“真格基金”创始人徐小平、腾讯联合创始人曾李青等。也正因如此，这次融资活动受到了大众的关注，3W咖啡也被福布斯中文网评为“具有中国特色的众筹创业的典型案例”。3W咖啡还紧紧抓住了这次契机，衍生出创业孵化器等内容。

不是所有人都可以成为3W咖啡的股东。换句话说，并不是投入6万元便可以参与此次活动。想成为3W咖啡的股东，投资者必须满足一定的条件。3W咖啡的定位是互联网创业与投资者的沟通平台，因此参与此次众筹的人，其所期待的回报并不是投入的6万元带来的分红，而是通过这一方式获得的顶级人脉与圈子，这才是投资者真正在乎的价值。

试想一下，投资者如果通过3W咖啡平台发现一个优秀项目，并且对其进行了投资，日后所获分红将是6万元的数十倍、数百倍甚至更多。同样，一位创业者只需要投入6万元资金，便可以通过这一平台获得与大量投资者接触的机会，同时还可以与同样优秀的创业者进行沟通，既获得了人脉，也从中学习了不少知识，这些并不是6万元可以衡量的。3W咖啡的业务还包括促进天使投资等。它会定期组织沙龙聚会，以此促进创业者之间进行经验分享，同时加强了创业者与股东之间的交流。

2013年8月，3W咖啡进行天使融资，获得了“东方弘道”公司、徐小平等数百万元的投资。另外，由3位创始人联合创立的拉勾网在创立一年后，也迅速获得了高达2500万美元的融资。

3W咖啡采取的众筹方式就是会籍式众筹。通过3W咖啡案例的成功，各种类型的创业咖啡开始模仿，并且取得了不小的成效。由此可见，会籍式众筹更适合在同一领域的人共同出资，以此实现大家的共同目标。

要知道，仅仅依靠咖啡实现盈利的可能性较小，而且盈利并不是大家发起会籍式众筹的主要目的。因此3W咖啡的成功，为诸多领域的创业者与投资者提供了新的思路。当然，会籍式众筹不仅限于咖啡领域，还可以应用到餐厅、会所等高端服务场所。目前，许多服务场所的质量堪忧，因此这一类定位明确的高档服务场所，尤其受到投资者与创业者的欢迎。通过股权众筹的方式吸引人脉与资源，不仅能够在资金上获得帮助，还相当于锁定了一批忠实客户。

## 三、接近VC模式的天使式众筹

与前两种众筹模式不同，天使式众筹模式接近于天使投资模式或者风险投资模式。投资者通过互联网渠道获取需要融资的企业或者项目的信息，经过了解后进行投资，并且在投资后以直接或间接的方式成为企业股东，随之而来的是明确的财务回报要求。

举个例子，假设某初创企业出让10%的股份，以此获得50万元的融资。该企业在众筹平台上发布融资信息后，宋某作为领投者出资25万元，而李某、陈某、杨某、钱某及王某作为跟投者，分别出资10万元、5万元、1.5万元、2.5万元以及6万元。在达到融资要求额度之后，这几位投资者获得的股权比例将会按照出资比例进行分配。随后，投融资双方转入线下，完成投资协议签订、工商变更等手续，此时融资项目已经基本完成。

通常情况下，大家提到的股权众筹模式便是天使式众筹。通过案例我们可以了解到，除了在募资环节天使式众筹是通过互联网完成的以外，它与资本市场中其他的投资模式基本没有太大的区别，与一般的股权众筹模式区别不大，只是股权众筹模式中较为典型的一个。而通过互联网这一平台，许多潜在的普通大众都获得了投资机会。再加上股权众筹模式对出资人的要求较低，能够参与的人非常多，因此天使式众筹又被称为“全民天使”。

关于天使式众筹，需要遵守《中华人民共和国证券法》的规定；而为了保障投资人的合法权益及促进创业市场的稳定发展，中国证券业协会早在2014年就起草了《私募股权众筹融资管理办法（试行）（征求意见稿）》。

# 第三节 股权众筹成功案例分析

通过前面几个小节的论述，大家对众筹已经有一定的了解。接下来本节将以案例的方式对股权众筹进行深入分析，结合实际来讲解股权众筹的实战操作。

## 一、【案例】联合光伏如何用股权众筹方式完成企业融资

虽然股权众筹一直以来饱受争议，但仍阻止不了一众企业用众筹项目融资的热情，而股权众筹成功的案例也不在少数，其中尤为著名的当属“联合光伏”，它用众筹模式改变了企业的融资。

2014年2月，联合光伏在众筹平台发起了建立全球最大的太阳能电站的众筹项目。

这一项目内容显示，打算筹集资金1000万元，并且将其划分为若干份，每份金额约为10万元，每人最多可购买一份，购买成功后将会成为该项目的股东。联合光伏的这次众筹短时间内便完成了任务。

联合光伏这一项目的成功所带来的示范作用是非常明显的，在规模及操作上，其相对完善的众筹模式为整个行业开了一个不错的头。

联合光伏公布的内容显示，整个集资时间长达一个月，而联合光伏认购了10%，“国电光伏”的认购份额为5%~6%。

“招商新能源可再生能源交易所”为该项目发起了有限合伙制基金，有限合伙制基金在被锁定满两年后，将为投资者提供年化6%的回报。一个月的时间，该项目预约的投资额达到约380万元。另外，“国电光伏”还予以了垫资建设，发电量也由其担保。在这个项目中，“国家开发银行”担任资金监管方的角色，对资金的使用进行全方位监视和管理，以确保专款专用。

同时，关于投资者资格也设置了较高的门槛。投资人的首要条件是必须为企业、投资机构、有投资经验的个人等，并且应具备较高的风险承受能力。当然对资产的要求也很高，即年收入不能低于50万元，或者净资产不低于1000万元且无任何不良信用记录、资信良好等。

虽然众筹的最终效果很好，在实施过程中却不乏争议。随着2014年美国《乔布斯法案》的签署，我国也开始重视股权众筹的影响，因此国内股权众筹得到相关法律支持的可能性也被放大。

一旦股权众筹得到相关法律的支持，相信一定会有更多的创业企业选择向联合光伏学习，以股权众筹的方式进行融资。联合光伏的众筹项目不仅给整个行业带来新的启示，也让诸多创业企业看到了成功的曙光。

## 二、【案例】打破国内融资记录的天使汇平台自众筹

天使众筹平台“天使汇”（Angel Crunch）创立于2011年11月，是中国规模最大、起步最早、融资最快的天使投资和股权众筹平台，同时它还是国内排名第一的中小企业众筹融资平台。许多投资人与创业人员都通过天使汇这一平台获得了在线融资对接服务，因此天使汇在我国互联网金融行业中是一名出色的代表。

天使众筹是指多名投资人通过对平台的合投方式对中小企业进行天使轮和A轮投资。天使汇不同于传统的投资方式，它的出现给许多创业者带来了希望。与此同时，由于该平台足够规范，方便创业者进行更全面的展示，使创业者能够获得更为完善的融资服务。

自2011年11月天使汇正式上线运营以来，该平台已经为超过70个中小企业的项目进行了融资，总金额已超2.5亿元，无数的成功案例已经从

天使融资成长到A轮和B轮的阶段，其中的受益者包括“滴滴出行”“大姨妈”“面包旅行”“黄太吉”等。

目前，在天使汇平台上注册的创业项目早已超过了8000个，其中通过审核挂牌的企业超过1000家，平台内的会员创业者超过2.2万人。天使汇虽然为无数的企业筹集了资金，但是天使汇最具亮点的一次众筹项目却是自己为自己众筹，该次众筹打破了多项金融行业的纪录。

2013年10月，天使汇在自己的平台启动众筹，为自己寻求外界投资。仅用了一天的时间，天使汇就获得了1000万元以上的资金，比其最初设定的500万元目标直接超过了一倍，还创造了当时最快融资千万元金额的纪录。

据悉，在天使汇1000万元融资的认购阶段，有远超30位的投资人对项目进行了认购。

认购的投资人中包括“北京悠视互动科技有限公司”CEO李竹、“正保远程教育联合”的创始人孙洪峰、“弘合互联网投资基金”的李晓光等赫赫有名的业内大佬。

这次的数额认购中，投资人的单笔最大认购金额为150万元，单笔最小认购金额为10万元。

天使汇为何能够迅速获得如此大数额的投资？很多投资人给出了答案：投资天使汇虽然是基于其良好且规范的众筹模式进行的，但其实也是投资者对该行业整体发展前景的一种认可。

如今国内的天使投资市场虽然已经有很大规模，但是由于信息沟通不畅等原因，与欧美等国家相比尚处于起步阶段。但随着像天使汇这样善于使用互联网思维的创新型平台的不断崛起，中国天使投资领域的潜力也一定会尽情释放。

# 第六章　企业利用股权众筹完成融资的实战指南

通过上一章的讲述，想必大家对股权众筹已经有了较为全面的了解。本章将介绍股权众筹的具体操作方法，希望能够为创业企业提供更多实操的灵感，从而对企业发展起到推动作用。

## 第一节　股权众筹4步走

企业想要做好股权众筹，就需要对股权众筹有全面了解以后按部就班地进行。股权众筹可以分为4个步骤：首先了解企业在股权众筹前该做哪些准备，其次了解股权众筹策划书的撰写技巧，再次做好股权众筹项目推广的4个关键点，最后做好股权众筹的后续管理工作。

### 一、企业股权众筹前应进行的准备

股权众筹是企业众筹中很常见的一种方式，这种方式对企业获得融资和接触到更多潜在的客户有很大的帮助。因此，股权众筹成为诸多企业获得运营资金的一个有利选择。那么在股权众筹之前，该如何准备才能最大可能地确保众筹获得成功呢？本书认为可以从3个方面进行，如图6–1所示。

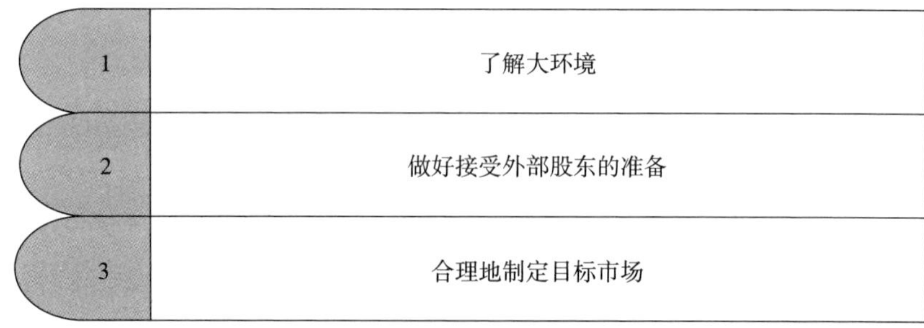


**图6–1　股权众筹的3个准备工作**

### 1. 了解大环境

在开始股权众筹之前，企业的创始人先要确认自己的公司是否适合通过股权众筹融资，这是至关重要的一点。如果企业不适合该模式，那么接下来的每一步都是空谈。在确定这一点以后，对于自己企业要采取的融资方式，创业者还要进一步了解并且确定下来。

例如，对于具备一定社会基础的企业而言，采取股权众筹的方式更有助于获得发展资金。因为股权众筹基于互联网的发展，得到了社会媒体的宣传及移动技术的支持，能够有效帮助其接触到更多的资金来源。

因此，在采取股权众筹的方式之前，企业获得的网络曝光率对其未来的众筹计划是十分重要的。如果企业在这些方面的准备不足，那么该企业就不能进行一次完美的融资。

### 2. 做好接受外部股东的准备

企业如果想要采用股权众筹模式进行融资，其相关信息需要依法披露，尤其是其财务报告必须先经过专业机构的审核。

除此之外，企业还需要针对股份发放的具体情况拟定招股说明书，包括投资风险、其他细节等，具体内容有时候会因地域差别等情况发生变化，因此企业需要充分了解所在地的法律、法规，否则会对企业的信息披露环节产生影响。

对初创企业来说，一旦关于融资的相关信息及招股说明书达到披露标准后，便可以聘任相关专业的律师起草合同，合同内容主要针对企业与股东之间的关系进行，尤其是原始股东与新进入的股东之间存在的关系，更需要梳理清楚。

### 3.合理地制定目标市场

企业如果能够有效地与市场进行衔接，最后获得融资的机会也会更大。由于以往的融资模式具有高度集中的特点，因此大多数企业对产品都抱有极大的期待，却没有了解其潜在需求，导致最终难以获得融资。

所以，企业应将目标市场的定位规划清晰，让潜在投资人看到清晰明确的发展路线，对企业的发展会有很大帮助。

股权众筹的准备工作是股权众筹能否成功的一大基石，如果企业将准备工作做得十分全面，就能够吸引众多投资人的注意，这对股权众筹项目来说，就算踏入了成功的门槛。

## 二、更高转化率的股权众筹策划书撰写技巧

股权众筹除了需要有充分的前期准备外，还需要注意的就是股权众筹策划书的撰写，按照目前我国股权众筹平台对创业融资项目的基本要求，一份高转化率的股权众筹项目策划书应当遵照以下写作技巧撰写，如图6–2所示。

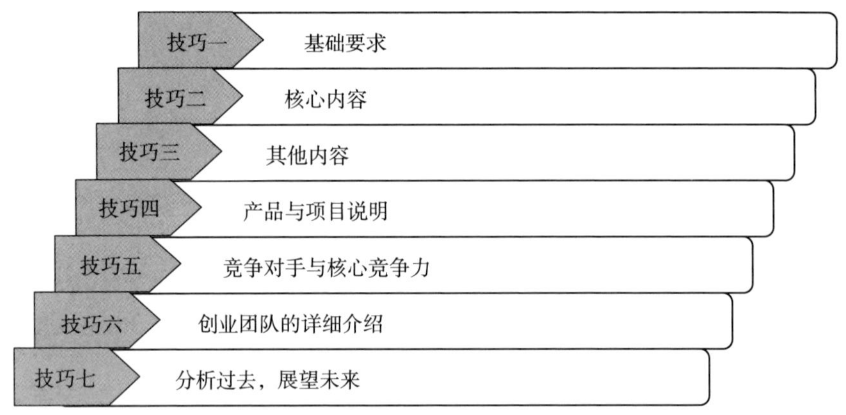


图6–2　股权众筹策划书的写作技巧

### 1.基础要求

文字表述无误、无错别字，格式美观，语句通顺等，这些都是众筹策划书的基本要求。除此之外，项目内容要简洁易懂、一目了然，切勿出现冗余繁杂的内容。

### 2.核心内容

明确指出企业当下的创业状态，如团队搭建情况、是否已经成立公司、有没有固定的办公地点等，或者创业者是否全职创业、是否已经具备成熟的项目或成果等。

除此之外，还需要包括企业创业项目数量，是否还有其他项目，其产品与市场需求的匹配程度、产品的应用场景及具体流程等。不可忽视的是，需要详细说明此次融资的资金规划与用途。

### 3.其他内容

项目图片：如公司LOGO、产品图。

项目视频链接网址：通过视频的方式介绍产品等，有利于投资人深刻理解项目。

目标用户的定位：需要对企业的目标用户有清楚的认识，详细了解目标用户人群所具备的典型特征。

对目标用户的需求进行定位：企业首先需要清楚地了解市场的需求，如市场容量、前景如何；其次需要清楚目标用户的定位需求，了解目标用户在市场上的需求量；最后厘清企业自身与客户的供需关系比例如何，还存在哪些问题，深入解决并将每个问题的处理落到实处。

**4. 产品与项目说明**

策划书中需要详细说明企业产品与服务如何能满足既定要求，还将改进哪些不足。对比该行业的产业链，介绍自己的企业处在哪种环节，处在哪个部分，将创造多大的价值。

将企业项目的盈利模式介绍清楚，主要包括资金流入与资金流出体现在哪几个流程，此刻该项目是否已经盈利，如果未盈利计划多久开始盈利，该项目本身具备了哪些盈利的条件。

**5. 竞争对手与核心竞争力**

股权众筹策划书还需要对企业的直接或间接竞争对手作简要描述，阐明企业主营项目与行业竞争对手之间的差异性。与之相比，企业自身具有哪些优势，市场空间有多大，有哪些地方能强势压倒行业竞争对手。

除此之外，还要介绍项目的核心竞争力，说明作为同类项目，企业的项目有哪些“一朵梨花压海棠”的本钱。

在既定的大方向下，详细地列出细节，描述具体的优势，忌空谈、忌“画饼”。明确说明企业能够胜任该项目的条件，面对一个很多同行都可以做的项目，有哪些应对措施。除此之外，还可以进一步分析与本企业相比，行业内曾融资成功的其他企业有哪些值得借鉴的经验，自己的不足之处有哪些补救措施，让投资人有信心且能放心。

**6.创业团队的详细介绍**

股权众筹策划书中还应当说明企业创始团队的股权结构。事实上，尚处于起步阶段的企业是许多股权众筹平台的主要服务对象，因此创始人所持股份最好在50%以上。此外，关于创业团队的介绍，还应当包括自从项目开展以来各个股东的具体投入情况。需要注意的是，此处需要介绍的内容不是注册资本、实物或者知识产权等方面的投入，而是资金投入。

团队是投资项目的重要元素，如果团队意识涣散、整体质量不高，那么再好的项目，投资者都会认为该团队支撑不起项目，从而选择放弃。

在介绍团队的时候，企业只需把介绍核心人物即可，因为这才是投资者比较看重的地方。核心人物一般选择3~5个，介绍顺序由职位高低决定。企业介绍团队的内容一般包括履历、股份情况等，让投资者能够了解其比较关心的内容。除了基本情况外，还要介绍团队成员从事该行业、该项目的原因及人员的具体分工等。

当然，核心团队成员的合作时间、如何开始合作的，也都是比较重要的讲述点，这关系到团队成员未来有多大可能磨合得更好。

**7.分析过去，展望未来**

这一部分内容也是股权众筹策划书中必须体现的。

分析过去是指介绍企业的历史运行情况。例如，企业曾取得过哪些成果，在既定的目标策划中已经到了什么阶段，当前的客户群体数量，以及企业在其他领域还实现了哪些突破，等等。说明介绍应包括精确的具体数值、客户量的确切数字、月收入的估值、月订单量的具体数字、月开支金额等。

策划书还可以详细介绍已经完成的阶段，具体使用过哪些有效的方式。

此外，再补充企业的一些收入与支出的明细情况。例如，产品销售量、租金费用、购买产品的用户量、多少个岗位参与了项目的开发跟进，每个岗位员工的工资是多少，企业的平均工资为多少，等等。

展望未来是指在股权众筹策划书中需描述企业的未来发展计划。该描述可以分为两个阶段：第一阶段描述从拟定策划书开始，到产品的正式发布时间计划；第二阶段描述基于第一阶段，也就是产品发布后到实现盈亏平衡的阶段。

给这两个阶段的进程列出具体的数据指标，指出获得一定数量的消费者需要的时间、花费的成本等，列出达到盈亏平衡所需的条件。如果不能预测，则需说明原因。此外，还要列出企业正在跟进或计划跟进的大客户名单或订单。

表明企业未来需要的支持或资源是为了方便与投资人对接合作。同时，对企业未来收入的预测要严谨而不是夸夸其谈，需要有较强的预测依据，最好拿出同类企业或者项目的相关数据做对比，以证明数据的合理性。同时，相关的成本与费用都需要明确列示。

此外，还要考虑融资金额与付款方式。通常来说，融资金额最好能满足12~18个月的运营需求，而需要出让的股份还应综合考虑各方面因素来确定。

## 三、做好股权众筹项目推广的4个关键点

股权众筹项目在启动之前，需要进行一些推广工作。例如，利用社交媒体强势推广、制作高品质的视频进行宣传等。

社交媒体市场策略有一个优势就是免费性，如今网络平台社交软件数不胜数，任何一个社交平台都能吸引大量的用户，只要使用一定的推广策

略，就能吸引到一定的目标受众。

但前提是创始人要具有讲述企业故事的能力，毕竟大部分潜在投资人通常没有机会了解此款众筹产品，这些投资人能够借助的渠道便是网络。因此创始人的创业故事会影响投资人的决定，创始人必须证明所推产品的价值，并且证明只要获得众筹就能够成功。

股权众筹的推广工作有4个较为重要的关键点，分别是人脉圈子的维护、打通多种渠道、结识知名人士与合理利用社交平台传播，如图6-3所示。

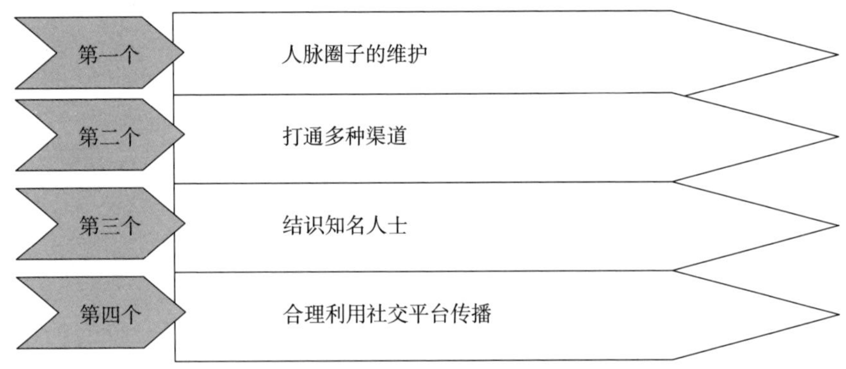


**图6-3 股权众筹推广工作的4个关键点**

### 1.人脉圈子的维护

之所以将维护人脉圈子作为一个关键点，主要原因是人脉系统在众筹项目的实施中能够起到决定性作用，无论是行业内人脉还是行业外人脉，都无比重要。一个众筹项目成立以前，人脉圈子能起到召集投资人的作用。项目一旦成立，人脉圈子就能够让项目知名度迅速上升，从而能获得新一轮众筹。

人脉的延伸会形成裂变效应，该效应一旦开始，就会将品牌的曝光率迅速扩大，众筹就更容易获得成功。

### 2.打通多种渠道

渠道的力量对企业而言同样不容小觑。以视频渠道为例，对初创企业

而言，一条蕴含价值的视频渠道能够带来良好的曝光效果，当然推广视频的质量也很重要。而大多数人通常不会明白众筹产品与渠道之间的重要关系，渠道不仅能够展现众筹产品的真实性和实用性，还能引起大家的关注。

当然，推广的渠道越多，项目所获得的关注度就会越大。所以，企业在众筹项目推广的时候，应当充分利用渠道的力量。

**3.结识知名人士**

对企业而言，在众筹项目实施之后，结识知名人士也是一个十分重要的方面。知名人士可以在企业人脉圈的传播热度渐冷之后，提供持续的传播。知名人士的作用类似明星代言，即企业可以寻求明星来体验产品，从而进行“软广”宣传，这样的活动带来的宣传效果往往不可估量，十分容易在普罗大众心目中达到扩散的效果，进而使项目获得更高的知名度。

**4.合理利用社交平台传播**

前面提到过社交平台对项目推广的重要性，但此处强调的是在知名人士宣传热度渐冷之后再进行社交平台的传播，而且这里的社交平台并非指个人的社交平台，而是指通过公众号及微博大号等方式进行宣传。

通过知名大V进行推广，能够十分快速地获得引流的效果。引流带来的曝光效应也是裂变式的，效果也不差。

综上可知，企业的创业者若想获得股权众筹项目的成功，仅靠自己的力量就想达到品牌推广的目的，可能性是很小的。因此，利用股权众筹项目推广的4个关键点将会为其成功带来保障。

就如今的众筹环境而言，虽然很多企业拥有足够好的产品项目，但常常因为不重视推广，导致尚不为人所知就夭折。对于想要获得成功的企业来说，能够选择自己擅长的方式做宣传，能够用最认真的态度做项目，才有成功的可能。

从以上所述不难发现，企业众筹要想成功，项目推广是必不可少的一环。

## 四、股权众筹项目后续跟踪管理工作分类

股权众筹项目除了前期准备与项目完成后的落实工作以外，后续的跟踪管理工作也至关重要。对于众多众筹项目而言，众筹后的管理工作绝对不能轻视。

通常来讲，众筹前工作是股权众筹平台关注的重点，因为此时能够评估、筛选出优质项目。而对提供项目的创业者而言，众筹过程中的工作更为重要。因为创业者需要通过这一过程迅速获得投资者的青睐而筹得资金，这样企业发展才能迈上一个新的台阶。所以众筹后的工作很重要。

一般而言，股权众筹项目的后续跟踪管理工作可以概括为三大类，分别是常规性工作、增值服务与项目退出，如图6–4所示。

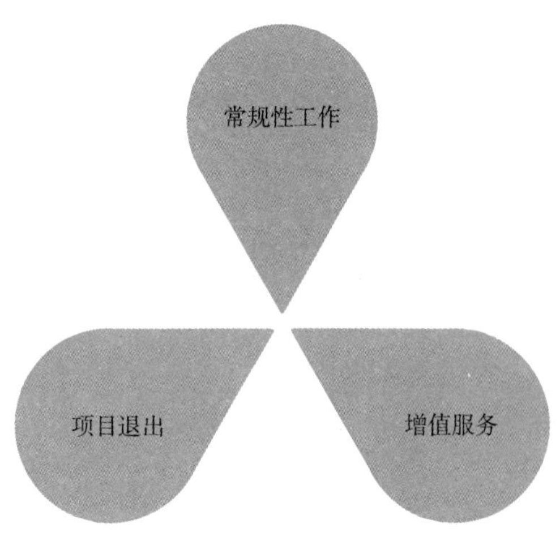


图6–4　股权众筹项目后续跟踪管理工作分类

### 1. 常规性工作

首先，常规性工作最基本的就是定期收集企业的财务报表，再根据报表对企业的状况进行判断。而对项目后续重大事项的跟踪，是指通过检索与企业相关的各类公开消息获悉企业的健康状态。公开信息包括舆情、诉讼、仲裁、担保及重大安全事故等方面。

其次，常规工作还包括与企业管理团队的频繁沟通，需要时刻掌握项目最真实的情况。众筹后的跟踪管理工作最重要的就是发现问题并解决问题。

再次，需要撰写股权筹后管理报告。报告的第一稿需要梳理出公司完整的各类要素，包括项目背景、投资协议及相关条款等。第二版报告则为公司的深度报告，内容包括项目的重大风险提示、后续工作计划和相关解决办法及建议等。

上述两版报告撰写完成后，后续需要定期不断地对报告进行更新，股权众筹后报告的作用是为企业做下一步工作提供方向，同时也是为后续接手项目的人提供工作便利，使接手的人能够在看到报告后即对众筹项目有全面且深刻的认识。

最后，还有一项不可忽视的工作是相关文档及资料的整理。在众筹项目的后续维护中，规范化的文档管理能够最大化地节约成本，提高管理工作的效率。

### 2. 增值服务

股权众筹后工作的负责人应该是所在行业的专家，他需要非常了解该项目，并能提供大量额外服务，即增值服务。之所以选择专家，是因为这项工作只有熟悉行业的前沿技术、商业模式等，才能判断行业的发展趋势，才能熟悉竞争对手的进展，才能为企业的未来发展提供建设性的意见。

该专家如果具备上述能力，他一定还能帮助企业对接各类资源，如人力资源、下游供应商资源及资本市场资源等。他不仅能为项目推荐合适的人才，还能帮助企业对接资本市场，获取更多的融资。

这样的专家所提供的帮助，会规范企业内部的治理（包括公司架构、财务等）。这种帮助就是本书认为的增值服务，这种增值服务也能够为公司未来走向资本市场做充分的准备。

### 3.项目退出

股权众筹的最终目的一定是获利，上述工作主要是为了让企业管理者对该项目了如指掌，这样便于企业在后续退出项目、转让股权的过程中有谈判的优势。完全的了解与对退出周全的准备，会使企业利益得到保障。

纵观上文我们不难发现，众筹后管理需要建立专业化的投后管理团队与企业资源共享平台。在进行众筹后管理时，管理团队需要配合领投机构对企业进行各方面监控、规划指导及资源整合等方面的管理。当然，管理团队更多的是对企业运营进行指导和梳理，而非强行干预，其主要目的是使企业向良性的方向发展。

因此，股权众筹项目的后续跟踪管理需要做到对股东负责，对企业发展、财务情况、业务情况等多方面负责，还要根据企业实际需要规划资源、收益、新一轮融资等多方面的工作。

## 第二节　预防股权众筹出现问题的实战方法

在股权众筹的实操过程中难免会遇到一些问题，企业的管理者们需要了解这些问题，并做出有效的预防。本节主要讲述预防股权众筹可能出现问题的实战方法。

## 一、有关股权众筹的4个常见问题

如今，股权众筹虽然从表面来看是一种很不错的融资模式，具有很高的社会关注度，但其背后却隐藏一些常见的风险和问题。这些问题如果在股权众筹的过程中不积极解决掉，就很可能会对众筹项目造成不良影响。下面介绍4个比较常见的需要考虑的问题，如图6-5所示。

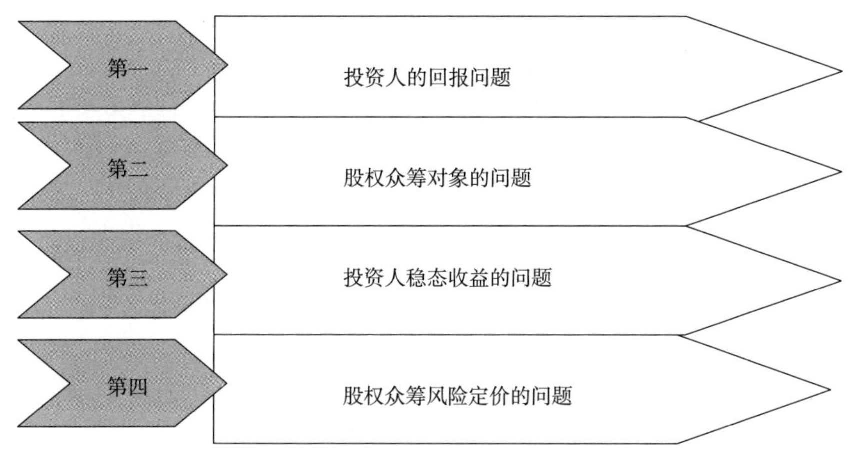


**图6-5　股权众筹的常见问题示例**

### 1.投资人的回报问题

一般情况下，众筹的回报方式都以股权、分红为主，但有时也会给予一些实物，比如实物产品、签名海报、支持者名单等。

### 2.股权众筹对象的问题

天使投资属于高风险、高回报的投资行为，因为许多初创企业都由于经营艰难而夭折。与此同时，天使投资并非大众事业。传统的天使投资活动的主要参与人员都是专业的天使投资人。除此之外，还会有少部分收入比较充沛的人群会从事这一活动。股权众筹则将这一行为公众化，进而推动“大众创业”理念的实现。但与此同时，问题也随之出现。天使投资活动风险较高，所以对投资者的专业性要求也高。

#### 3. 投资人稳态收益的问题

“十网九网空，一网就成功。”这句话能在一定程度上形容天使投资的发展现状。天使投资人投资的项目比较多，有所对冲，总体收益比较客观，因此才能实现获益。这种情况甚至可以说需要依靠一定的运气，需要靠“赌”。当然，全靠“赌”是无法实现持续盈利的，而且公众化的投资行为也不能要求每位投资者都广撒网。针对上述情况，并将其转化为投资者可获得的稳态收益，是众筹模式能否实现可持续发展的关键之处。

#### 4. 股权众筹风险定价的问题

股权众筹虽然是金融领域的热点之一，但是尚未形成一套稳定的风险定价机制，对创业者的信用也无法准确评估。在这种情况下，股权众筹难以达到规模化经营的临界点。

总体而言，股权众筹虽然在当下受到各方的关注，呈现火热发展状态，并且获得了政策支持；但是它尚未形成较为规范且成熟的商业模式，难以实现规模化经营。从这个角度来看，股权众筹这一场狂欢活动的背后还存在诸多需要解决的问题。

### 二、股权众筹过程中的法律常识

企业在进行股权众筹过程中，要对国家出台的法律、法规有清晰且明确的认识，除了认真学习《中华人民共和国证券法》外，还需要了解与股权众筹相关的法律，即《私募股权众筹融资管理办法（试行）（征求意见稿）》（中证协发〔2014〕236号）：

第七条 【平台准入】股权众筹平台应当具备下列条件：

（一）在中华人民共和国境内依法设立的公司或合伙企业；

（二）净资产不低于500万元人民币；

（三）有与开展私募股权众筹融资相适应的专业人员，具有3年以上金融或者信息技术行业从业经历的高级管理人员不少于2人；

（四）有合法的互联网平台及其他技术设施；

（五）有完善的业务管理制度；

（六）证券业协会规定的其他条件。

第八条 【平台职责】股权众筹平台应当履行下列职责：

（一）勤勉尽责，督促投融资双方依法合规开展众筹融资活动、履行约定义务；

（二）对投融资双方进行实名认证，对用户信息的真实性进行必要审核；

（三）对融资项目的合法性进行必要审核；

（四）采取措施防范欺诈行为，发现欺诈行为或其他损害投资者利益的情形，及时公告并终止相关众筹活动；

（五）对募集期资金设立专户管理，证券业协会另有规定的，从其规定；

（六）对投融资双方的信息、融资记录及投资者适当性管理等信息及其他相关资料进行妥善保管，保管期限不得少于10年；

（七）持续开展众筹融资知识普及和风险教育活动，并与投资者签订投资风险揭示书，确保投资者充分知悉投资风险；

（八）按照证券业协会的要求报送股权众筹融资业务信息；

（九）保守商业秘密和客户隐私，非因法定原因不得泄露融资者和投资者相关信息；

（十）配合相关部门开展反洗钱工作；

（十一）证券业协会规定的其他职责。

第九条 【禁止行为】股权众筹平台不得有下列行为：

（一）通过本机构互联网平台为自身或关联方融资；

（二）对众筹项目提供对外担保或进行股权代持；

（三）提供股权或其他形式的有价证券的转让服务；

（四）利用平台自身优势获取投资机会或误导投资者；

（五）向非实名注册用户宣传或推介融资项目；

（六）从事证券承销、投资顾问、资产管理等证券经营机构业务，具有相关业务资格的证券经营机构除外；

（七）兼营个体网络借贷（即P2P网络借贷）或网络小额贷款业务；

（八）采用恶意诋毁、贬损同行等不正当竞争手段；

（九）法律法规和证券业协会规定禁止的其他行为。

…………

第十三条 【禁止行为】融资者不得有下列行为：

（一）欺诈发行；

（二）向投资者承诺投资本金不受损失或者承诺最低收益；

（三）同一时间通过两个或两个以上的股权众筹平台就同一融资项目进行融资，在股权众筹平台以外的公开场所发布融资信息；

（四）法律法规和证券业协会规定禁止的其他行为。

第十四条 【投资者范围】私募股权众筹融资的投资者是指符合下列条件之一的单位或个人：

（一）《私募投资基金监督管理暂行办法》规定的合格投资者；

（二）投资单个融资项目的最低金额不低于100万元人民币的单位或个人；

（三）社会保障基金、企业年金等养老基金，慈善基金等社会公益基金，以及依法设立并在中国证券投资基金业协会备案的投资计划；

（四）净资产不低于1000万元人民币的单位；

（五）金融资产不低于300万元人民币或最近三年个人年均收入不低于50万元人民币的个人。上述个人除能提供相关财产、收入证明外，还应当能辨识、判断和承担相应投资风险；

本项所称金融资产包括银行存款、股票、债券、基金份额、资产管理计划、银行理财产品、信托计划、保险产品、期货权益等。

（六）证券业协会规定的其他投资者。

第十五条 【投资者职责】投资者应当履行下列职责：

（一）向股权众筹平台提供真实、准确和完整的身份信息、财产、收入证明等信息；

（二）保证投资资金来源合法；

（三）主动了解众筹项目投资风险，并确认其具有相应的风险认知和承受能力；

（四）自行承担可能产生的投资损失；

（五）证券业协会规定和融资协议约定的其他职责。

…………

第二十四条 【信息报送范围】股权众筹平台发生下列情形的，应当在5个工作日内向证券业协会报告：

（一）备案事项发生变更；

（二）股权众筹平台不再提供私募股权众筹融资服务；

（三）股权众筹平台因经营不善等原因出现重大经营风险；

（四）股权众筹平台或高级管理人员存在重大违法违规行为；

（五）股权众筹平台因违规经营行为被起诉，包括：涉嫌违反境内外证券、保险、期货、商品、财务或投资相关法律法规等行为；

（六）股权众筹平台因商业欺诈行为被起诉，包括：错误保证、有误的报告、伪造、欺诈、错误处置资金和证券等行为；

（七）股权众筹平台内部人员违反境内外证券、保险、期货、商品、财务或投资相关法律法规行为。

（八）证券业协会规定的其他情形。

第二十五条 【备案管理信息系统】市场监测中心应当建立备案管理信息系统，记录包括但不限于融资者及其主要管理人员、股权众筹平台及其从业人员从事股权众筹融资活动的信息。备案管理信息系统应当加入中国证监会中央监管信息平台，股权众筹相关数据与中国证监会及其派出机构、证券业协会共享。

第二十六条 【自律检查与惩戒】证券业协会对股权众筹平台开展自律检查，对违反自律规则的单位和个人实施惩戒措施，相关单位和个人应当予以配合。

第二十七条 【自律管理措施与纪律处分】股权众筹平台及其从业人员违反本办法和相关自律规则的，证券业协会视情节轻重对其采取谈话提醒、警示、责令所在机构给予处理、责令整改等自律管理措施，以及行业内通报批评、公开谴责、暂停执业、取消会员资格等纪律处分，同时将采取自律管理措施或纪律处分的相关信息抄报中国证监会。涉嫌违法违规的，由证券业协会移交中国证监会及其他有权机构依法查处。

## 三、如何避免股权众筹的“副作用”

股权众筹对企业发展起到十分重要的作用，这种作用有时是积极的，有时也会产生一定的“副作用”。如何避免股权众筹给企业发展带来的“副作用”呢？其实可以通过规避3种风险来实现，如图6-6所示。

**图6-6　股权众筹过程中应当规避的3种风险**

众所周知，股权众筹围绕的利益相关三方通常是投资人、发行方与平台方。因此，选择股权众筹的企业如果想要避免一些不必要的风险，就有必要从上述3个角度入手。

**1. 投资者风险**

通常来讲，采用股权众筹模式募集资金的企业多是私营的小型、微型企业，随着企业的发展壮大，往往对资金的需求较大。如果这个时候不能募集到所需资金，那么企业的持续发展和稳定经营将会受到影响，甚至造成公司业绩受损。与之相对地，投资者最初的投资也会面临贬值的风险。

由此可知，股权众筹的“副作用”常常关系到投资者亏本的风险，因此相关各方应尽量规避。

**2. 发行人风险**

发行人承担的风险往往来自企业某些信息的泄露，其发生的主要原因是股权众筹时不小心公布的信息。因此，股权众筹时要严格把控信息可公开的程度。对企业而言，控制信息的曝光程度就是规避股权众筹“副作用”的一种方式，同时也是控制发行人风险的重要举措之一，这对企业和发行人来说都是一种负责任的体现。

**3. 众筹平台风险**

多数情况下，股权众筹都是依靠第三方众筹平台进行的。第三方众筹平台往往会收到很多与企业相关的资料，因此第三方众筹平台对企业负债信息的披露和传播起着至关重要的作用。

一旦第三方众筹平台运作出现问题，企业就会遭遇募集不到资金，甚至资料外泄的不利局面。这不仅对发行人来说是巨大的风险，对第三方众筹平台来说也存在巨大的风险。所以，为了更好地维护各方利益，股权众筹必须处在国家或地区严格监管的环境下，接受管理部门的监督。这样既规避了相关的危险，也对企业发展起到保护作用。

在实际执行过程中，管理部门除了对平台实施安全监管以外，必要时还可以使用罚款、惩罚等措施，以此保证第三方众筹平台的合法运行，维护金融市场的秩序。

近年来，随着经济发展和收入水平的普遍上升，很多人都具备了一定的投资意识和有了较强的理财愿望，这对股权众筹平台和创业企业来说都是利好消息。但是在进行股权众筹时，应当小心设计股权众筹的模式，用明确的机制来规避其对企业发展可能产生的“副作用”，以确保企业发展的持续性。

# 第七章　企业如何利用众筹平台更高效地完成股权众筹

股权众筹平台作为一种新型的融资渠道，近年来的发展十分迅猛。这对投资者来说有利有弊。利是有机会实现创业的梦想，弊则是对于众多股权众筹渠道如果不会选择、不会利用就很容易踏入“雷区”。因此，如何利用众筹平台高效地完成股权众筹就显得格外重要。

## 第一节　经由众筹平台进行股权众筹的必要性

通常而言，股权众筹的方式有很多种，作为一家初创型的中小企业，利用众筹平台进行股权众筹是十分有效且必要的。之所以如此，是因为众筹平台有很多优点。

第一，众筹平台给风投企业带来了更多的项目，同时也拥有更高效的项目审核机制，能够更快地与企业家进行沟通，使投资决策过程变得更加合理。

通常情况下，风投企业每天都会收到数十份商业计划，格式五花八门，而且有些还缺乏必要的数据，如果有众筹平台对这些资料进行分类整理，并以标准格式进行呈现，风投企业就可以通过这些标准化内容，更方便地对项目进行研究，迅速判断是否值得投资，从而有效节省时间。

第二，众筹平台是尽职调查的得力助手，能够推动众筹项目的审查进程。因为众筹平台会收集一些关键性的数据，以供投资者参考，从而帮助其做出决策。而且，众筹平台还能帮助企业家了解应如何准备及呈现自己的项目，才能吸引到更多的投资人。

第三，众筹平台还可以提升信息分享、谈判和融资的速率，如“AngelList”“Crowdfunder”及“EquityNet”等，这些众筹平台基本上都有自己独特的能够简化融资过程的技术。

第四，使用众筹平台的用户数量非常多，进而形成一个用户群体，众筹平台则成为用户相互交流的良好载体，投资者可以在与其他人的交流中获得帮助，而且凭借集体的智慧，投资者能做出更理性的决策，这也是选择股权众筹平台的原因之一。

第五，对于项目产品或服务的优劣情况，众筹平台也可以在一定程度上起到验证作用。如“Kickstarter”等平台，年满18岁者都可以参与其中体验众筹项目的产品或服务，并能够提前获知效果，投资者也可以参考使用者的使用体验，进而决定是否进一步参与到项目中。

## 一、众筹平台可帮企业解决信任问题

互联网营销具有的许多优势是传统线下营销无法企及的，众筹模式依托互联网平台发展，也在许多方面继承了这些优势，如互联网宣传与推广、个性定制等。不仅如此，众筹这一创新的募资形式能够有效激活资本市场，甚至随着市场的拓展衍生出了新的形式。

对企业来说，众筹平台最大的好处是解决了初创企业初期面临的信任问题。如图7–1所示，可以从两个方面看待这个问题。

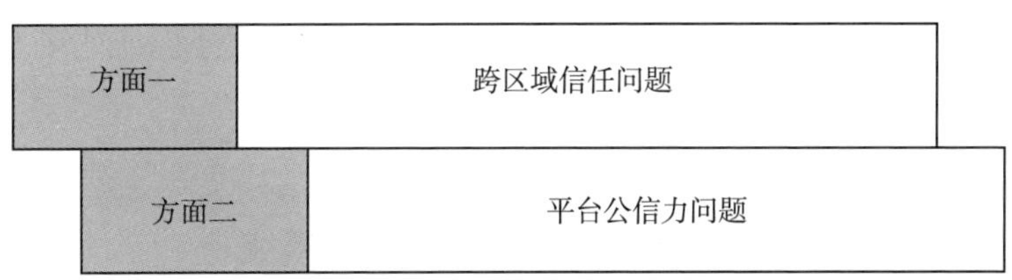


**图7–1　众筹平台能解决的两个信任方面的问题**

### 1. 跨区域信任问题

众筹平台聚合了社会上很多闲散的资源，能够对融资困难的初创企业提供一定的帮助。

基于互联网将投资者与项目连接起来，这就是众筹平台最基本的能力，它为各个领域的资源集合提供可信任的平台。从这个角度来看，众筹平台能为信任背书，可以有效打破信任壁垒，聚合陌生资源。

### 2. 平台公信力问题

众筹作为一种新兴的筹资模式，运行的前提条件比较多，如拥有大量的熟人圈资源是首要条件，还要有诸多网络红人、社会知名人士和行业专家等参与进来，这些都为平台的公信力度提供了保障。众筹项目如果由这些人在平台担保，自然号召力就会更大。对众筹项目来说，最需要解决的就是信任问题。

随着众筹市场的发展，越来越多的人已经注意到众筹带来的红利，因此参与者也越来越多。目前，众筹已经不再仅仅是小企业独享的融资渠道，很多知名企业也尝试使用众筹来融资，这更使平台的信任度获得提升。

无数的众筹平台借着互联网的大势，如雨后春笋一般顽强地生长。它们虽然存在的时间比较短，不够成熟，还会遇到很多挑战，但众筹平台仍能打破企业融资过程中的信任瓶颈，解决当下融资过程中存在的信任难题，助力企业走得更远，为企业发展“遮风挡雨”。

## 二、股权众筹平台常见的业务流程与盈利模式

依靠股权众筹平台来众筹是一种低门槛但高效的融资方式，这种方式赢得了众多企业创始人的喜爱。

### 1.股权众筹平台的5个业务流程

依靠平台来众筹时，具体的业务流程如图7–2所示。

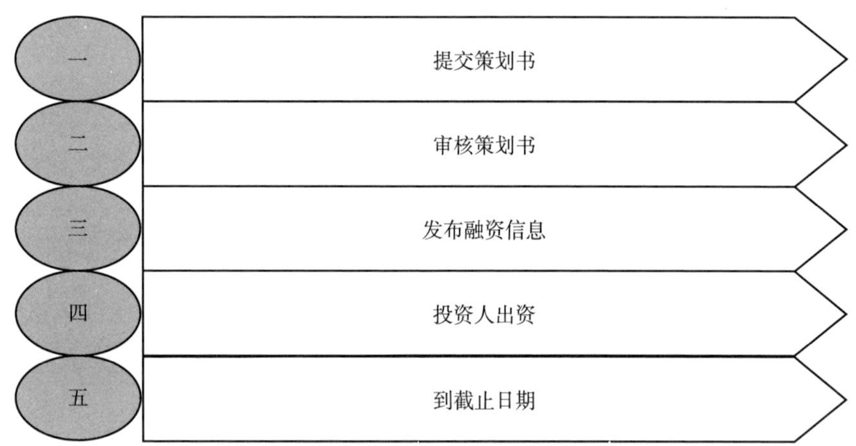


**图7–2 股权众筹平台业务流程**

（1）初创企业的项目发起人需将项目策划书或者商业计划书提交众筹平台，同时设定拟筹资金额、可让渡的股权比例及筹款的截止日期等事项。

（2）收到计划书后，众筹平台将对项目策划书或者商业计划书进行严格审核，主要对其中信息的真实性、项目的可执行性、投资价值等方面进行审核，当然还包括项目是否完整等内容。

（3）众筹平台对项目进行审核并且通过后，项目发起人便可以将项目

发布于平台中，并且根据自身需求完善融资信息。

（4）众筹平台发布信息以后，对该初创企业或项目感兴趣的个人或投资团队，可以与其进行进一步的沟通和交流，谈成后便在双方约定期限内交付相应的资金。

（5）到截止日期，项目如果成功，双方签订协议；如果失败，已筹得的部分资金将如数退还各位投资人。

以上的业务流程与私募股权投资相比，主要通过互联网这一媒介完成“募资”环节，所以常常被称为“私募股权的互联网化”。

股权众筹平台模式刚一诞生就获得了资本市场的高度关注，众筹平台在企业运用众筹模式进行融资的过程中一直扮演着十分关键的角色，而且众筹平台需要对投资人和项目融资方负责。

### 2.股权众筹平台的6种盈利模式

与此同时，股权众筹的发展也和平台的盈利模式有着密切的关系。就历史数据来看，股权众筹平台的盈利模式主要包括以下6种：

（1）融资顾问费。在股权众筹平台中，最为常见的盈利模式是通过收取融资顾问费获益。简单来说，就是众筹项目成功之后，股权众筹平台会向项目发起人收取一定比例的费用（通常为5%），这笔费用便是融资顾问费。需要注意的是，有的众筹项目由于其本身的特殊性，融资顾问费可能更高，有的甚至达到30%。

（2）跟投管理费。股权众筹平台通过聘请专业的领投方筛选出优质项目并且领投，其他投资者则采取跟投的方式，成功率更高一些。由于领投方需要准备的内容更多，而且平台也需要花费一定的费用，因此会以收取跟投管理费的方式盈利，主要面对投资方。这部分资金除了用来维持股权众筹平台运营外，也会用来奖励领投方。

例如，“京北众筹”就是采取“领投+跟投”运营模式的典型案例，其收取的跟投管理费是投资方所投金额的3%。

（3）投资收益分成。投资者在股权众筹平台上投资项目并且获得收益之后，需要提交10%~20%的收益给股权众筹平台，这就是股权众筹平台采取的投资收益分成模式。一般来说，这部分资金不仅可以用来维持股权众筹平台运营，还可以用来奖励相关方。以“蝌蚪众筹平台”为例，“蝌蚪众筹平台”会针对合伙企业的设立与维护、投后管理、线上信息的产生与维护、线下路演等相关事项收取5%的服务费，并且需要一次性交清。在项目完成并且获得收益后，该平台还会提取占投资收益15%的费用，用来维持股权众筹平台的运营和奖励领投人，以及对投后管理做出重大贡献的相关人员。

（4）股权回报。有的股权众筹平台不仅要求相关方交纳融资顾问费，还会要求获得该项目一定比例的股份，有的则不需要交纳融资顾问费，但是一定要有相应的股份。这种盈利方式更类似于投资。

以“天使汇股权众筹平台”为例，针对融资成功的项目，天使汇股权众筹平台会要求获得该项目1%的股权。

（5）广告收费。当股权众筹平台具有一定名气以后，就能够吸引大量流量，因此可以通过广告收费的商业模式来实现盈利，即依靠接广告进行盈利。此类股权众筹平台通常会把广告方的信息放在首页上宣传推广，以此盈利。

（6）增值服务费。根据我国股权众筹平台的发展状况，如果股权众筹平台只专注实现项目与投资方的资金配对，对与之相关的衍生服务却一概不做，往往不容易凸显平台特色，就无法吸引到优秀项目。因此，如今有不少股权众筹平台开始着手开发与融资相关的衍生业务，为投融资双方提供相关增值服务，在这个基础上也可以收取增值服务费。

股权众筹已经成为创投圈的热点话题，早在2015年，“两会”就提出了“开展股权众筹融资试点”方案，股权众筹已经被正式写入国务院政府工作报告。

所以，创业企业只有对股权众筹平台的业务流程与盈利模式有一定的了解，才能获得更大的支持力度。

## 第二节 企业挑选更优质的股权众筹平台应考虑的3个维度

对企业的创业者来说，仅了解股权众筹平台还远远不够，还需要了解自身与众筹平台的还配程度。因此，创业者在挑选优质的股权众筹平台时应该考虑3个维度，分别是众筹平台的背景与专业程度、众筹平台是否能提供高附加值服务、众筹平台信息发布与收费规则是否公开透明。

### 一、众筹平台的背景与团队专业度

众筹平台的背景和团队专业度在极大程度上反映了平台的公信度，这对创业者和投资人来说都是值得信任的两个因素。

如果一个众筹平台拥有专业化的管理团队，而且能够介入被投企业调研的全过程，能随时了解和掌握项目的全面情况，迅速而有效地完成相关任务。这样不仅极大地体现了团队的专业素养，还展现出整个管理团队与基金募集团队、投资团队完善的协调机制。这样的团队不仅能确保信息顺畅传递，也能展现出众筹平台的专业背景。

这两个条件都能够保证融资百分之百到位，毕竟对创业者的众筹项目来说，融资到位是最重要的。之所以对平台进行背景与专业度的综合考量，一方面是通过了解平台过往的众筹案例，可以了解融资成功率的大小；另一方面也是对过往融资项目真实性的考察与评估。对企业来说，这些真实可靠的数据是挑选优质股权众筹平台的最大倚仗。

2014年5月，中国证监会出台了监管意见稿，明确了对众筹的监管。意见稿指出，众筹平台中如果存在以下两点行为，就能够判断该平台的专业性不强，如图7–3所示。

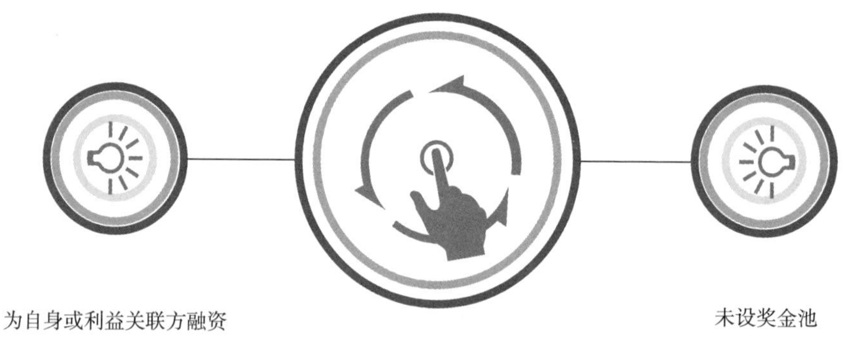


**图7–3　众筹平台不专业的表现**

### 1. 众筹平台为自身或利益关联方融资

对众筹平台的投资人来说，投资人想的是获取平台的利息，却被平台惦记着本金，这让投资人该如何自处，如何放心？一个让投资人都不能放心出资的平台，企业能否信任其并在此众筹呢？答案当然是否定的。

### 2. 众筹平台未设资金池

通常而言，平台会和银行或者有牌照的第三方支付机构进行资金托管合作，实现专款专用。如果平台方使用的是自己公司的账户，保障性就会大大降低，对众筹发起人和投资者来说，可靠性得不到保证。该类股权众筹平台则不适合企业选择。

上述两点可以作为判断众筹平台是否专业的部分依据，而对众筹平台的背景和团队的了解，是每家企业的创始人都应该在事前认真去做的事，只有妥善选择，才能降低风险，确保成功的概率。

## 二、众筹平台是否能提供高附加值服务

众筹平台是否能提供高附加值服务对项目后续发展的影响是巨大的。

当下，很多股权融资平台除了提供融资服务之外并无其他服务，相比之下，能提供其他附加服务的众筹平台更有魅力。而对创业者来说，十分有必要考虑融资以外的服务，即高附加值的服务。

高附加值的服务有很多，如媒体推广、后续维护、投后管理等。增加这些高附加值服务有哪些好处呢?

以投后管理为例，如果一个股权众筹平台仅是单纯地展示信息、撮合交易，仅一次性收取全部佣金，那么不难想象，一旦融资成功，就很可能出现平台无法为项目方建立企业防火墙的局面。这就难以保证项目方的管理权和运营权，同时也无法保障投资人的分红权。如果项目成功还有希望，如果项目失败，必然会导致几方损失惨重。

有投后管理的众筹平台会选择较好的解决办法，即由一些专业人士进行领投及跟投，或者平台方本身和投资人一样占有该项目的股份，进行利益绑定。这样平台方投后管理的责任心会大大增加，对于筹集人与投资人来说，利益都能得到很好的保障。

因而，提供高附加值服务理应成为企业选择众筹平台合作的标准之一。除了完善的投后管理，投资者对股权众筹平台还有很多担忧，其中一

个问题就是资金的安全。对此，众筹平台可以往以下两个方面努力：

### 1. IT系统的安全性

为了解决投资端资金的安全问题，有必要研究确保平台IT系统安全的方法，不能因为系统安全问题使投资人的权益受损。

### 2. 资金被挪用的风险

普通的大众投资者最担心的问题就是投资安全，最不能容忍的就是，平台或者融资企业携款潜逃。因此，为了维护投资者的相关利益，需要在众筹成功之后建立新的机制。例如，设立职位专门监督投资人、平台、公司共同设立的银行账户，或者将投资者的代表安排到平台的经营班子，以保护投资者的知情权。

## 三、平台信息发布与收费规则是否公开透明

股权众筹平台目前使用的网络模式使投融资信息的透明度越来越高，促进了创业者与投资者之间的沟通和交流。创业者不再需要通过熟人介绍，就可以获得数百万元甚至数千万元的投资。在这样的众筹平台上，投资者可以反复阅读创业企业的商业计划书，大大节省了线下沟通的时间和交通费用。因此，高效的专业众筹平台在一定程度上提高了“资本智慧”，能够帮助投资者迅速找到合适的项目。

目前，股权众筹平台面临整个行业环境诚信体系不够完善的问题。为了使投资端的权益有保障，平台们更倾向实行实名制，利用小、快、多轮的融资方式降低投资风险，并在平台上制定信用制度，评判用户的信用。

股权众筹平台本质上是一种媒介，它利用互联网联通平台上的投资者和企业家，帮助双方完成投融资。但是在目前的市场环境下，好的项目投

资机构、天使投资人都会抢着投资。如果股权众筹平台获得好项目的优势不大且缺乏项目资源，就会缺乏高质量客户。反之，由于缺乏优质投资者，好的项目也不愿意通过众筹筹集资金，导致形成恶性循环。只有提供了良好的权益保障机制才能吸引好项目、高质量的投资人在平台安家落户。

平台的信息发布与收费规则公开透明，也是对筹集人企业与投资方权益的一种保障。股权众筹平台能够为合作企业提供所需的资金，并且能为投资者提供透明化的信息共享机制，使投资人能通过它了解资金去向、运作流程、风险预警，以及所需签订的法律文本协议和资金亏损的法律解决途径。这些都能够体现该股权众筹平台的可靠性。

如果是模糊不清的项目阐述和一张不明所以的空头支票，则该股权众筹平台就不值得信任。因为该类平台一旦发生亏损，筹集人和投资人就会失去正当的维权手段。

所以，对创业者来说，更清楚地融到资金比融到更多的资金更加重要。如今的众筹市场风云莫测，清楚地了解平台的收费标准和相关信息才是最理性的。盲目地追求高额融资，除了会浪费宝贵的时间之外，也会错失企业发展的时机，是十分不明智的选择。

## 第三节　如何更好地让企业股权众筹方案落地

前文已经对股权众筹有了一个比较全面的了解，但为了更好地实现企业股权众筹方案落地，还需要对两个方面进行深入了解，一是众筹谈判和合同签订需注意的方面；二是众筹股东股份的转让和退出机制设计。

## 一、众筹谈判和合同签订技巧需注意的方面

与天使轮融资相比，在谈判方面股权众筹与其存在一个明显的差别，就是投资者数量问题。一般而言，股权众筹面向的是大众，因此投资者的数量往往会比较多；由于天使轮融资的风险更大，因此投资者往往只是一位投资人或一个投资机构。

事实上，股权众筹融资的谈判内容与其他股权融资方式的谈判内容相差无几，主要包括融资金额、注资方式及出让股份等。然而在细节上，尤其是合同签订过程中，由于股权众筹融资方式的特殊性，创业者需注意的内容会更多。那么，股权众筹谈判和合同签订过程中有哪些方面是需要注意的呢？相关内容如图7–4所示。

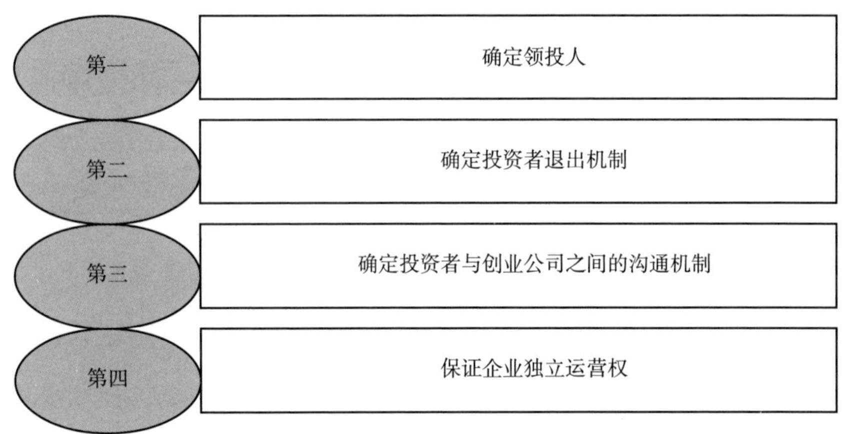


**图7–4　股权众筹谈判和合同签订过程中应当注意的4个方面**

### 1.确定领投人

股权众筹面向大众。在这种融资模式下，创业者需要面对的投资者数量较多，有时候可能达到上百人。创业者需要与大量投资者进行谈判，对每个人做出的贡献进行评估，进而确定相应的占股数。除此之外，还需要结合各方面要素选择一个领投人，使其成为有限合伙代表。因此，创业者

在谈判的过程中就需要不断了解每位投资人，最好能够主动选择领投人，并将与其相关内容列入合同中。通常情况下，出资最多并且具备一定影响力的投资者便可以成为领投人。选出领投人将有利于企业的管理与发展。

在领投人与跟投人的确认方面，合同内容主要包括其权利和义务、资金注入方式、注入金额、注入时间及周期等。此外，还要确定项目投资者非资金类资源的投入方式。关于渠道合作、销售合作、媒体资源等也都可以在合同中确定下来。在谈判过程中，创业者既要考虑投资者的利益，同时也需要想方设法地使自身资金需求得到满足。

### 2. 确定投资者退出机制

通常而言，众筹成功后部分投资者会由于各种原因逐步退出，或者在后续融资中退出，或者在上市之后退出。对于股东应该在什么时间、满足什么条件的情况下才被允许退出，就需要在合同中明确规定。

当然，如果投资者想要通过其他方式退出，最好是在双方进行谈判时提出，并且在达成一致的情况下才能签订协议。有些企业的退出机制有助于保障其自身权益，如在投资者退出时，企业具有优先回购股份的权力等，即便采取这种方式，也需要在合同中列示出来。

### 3. 确定投资者与创业公司之间的沟通机制

创投双方需要保持一定频率的沟通，对创业者而言，有助于获取资金和建议等；对投资者而言，有助于了解企业的经营情况及相应的需求信息等。

确保项目投资者与企业创业者之间顺畅地双向沟通，能在很大程度上避免发生因争权夺利而影响企业正常运营的事件。

### 4. 保证企业独立运营权

在合同的常规约定中，是允许投资者具备知情权和建议权的。然而，对于一票否决权等重要权力，绝非是每位投资者都能够轻而易举拥有的，这样才能保证企业的管理机制流畅、健康的运行。有一点在合同中一定要明确，那就是企业的所有权和经营权是相互独立的。

## 二、众筹股东股份的转让和退出机制设计

目前，最为常见的股权众筹的变更方式仅包括公司溢价回购、股东间转让及上市，欠缺股权众筹的退出机制。这也是一直困扰整个行业堪称痛点的问题。

一般来讲，回购、转让是股权众筹模式设计中最为常见的退出机制。如果选择回购，最好通过企业创始人或者实际控制人进行；如果选择股权转让，可以参考《中华人民共和国公司法》的相关规定。其中，涉及有限责任公司的为第七十一条至第七十五条；涉及股份有限公司的为第一百三十七条至第一百四十二条。

总而言之，在设计众筹股东股份的转让和退出机制时，通常会参照3种方式进行（这3种方式前文曾浅述过），即首次公开发行（IPO）、并购及回购，如图7–5所示。

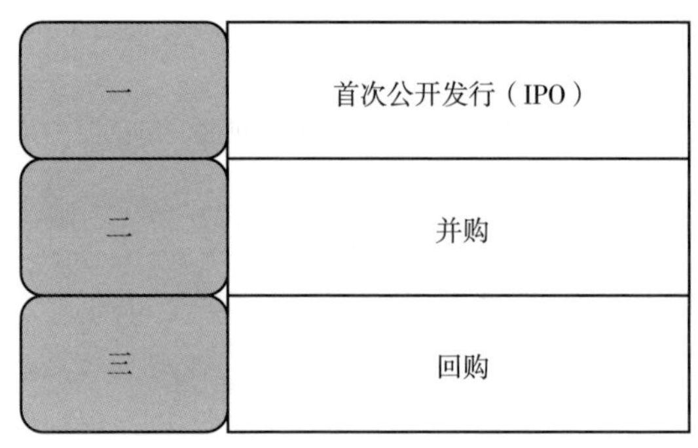


**图7–5　转让和退出的3种方式**

### 1. 首次公开发行（IPO）

这种退出方式最受创投双方欢迎。基于证券市场的杠杆作用，如果企业能够上市，股票就会迅速增值。与此同时，企业的价值也会水涨船高。投资者手中的股票相当宝贵，随时抛出都可以收获高收益。

对创业者而言，首次公开发行不仅意味着股票的增值，更为重要的是代表了市场对企业的认可。这样一来，企业便可以利用证券市场持续融资的功能，在接下来的发展过程中可以持续获得发展所需资金，而且这是仅依靠众筹投资人无法获得的大额资金。

需要注意的是，股权众筹往往是由中小型企业发起的，所以有时候资本退出时，企业尚未达到IPO的水平，同时因为各国证券法对股份转让也做出了一定的限制，因此股份往往无法实现短期之内一次性退出。

尽管首次公开招股对投资人来说，可能是最有利可图的退出方式，但大多数企业无法采用此类方式，通常在其出售股份之前，企业就已经被收购。而且，通常上市公司的规定很严格，所以通过IPO的方式实现股份退出的方式相对来说占比较小。

### 2. 并购

如果企业发展难以得到资本市场的认可，或者投资者不愿意受IPO烦琐的手续、信息披露制度等方面的制约，那么通过并购的方式实现股份退出也是不错的选择。据统计，在股份的退出方式选择上，有2/3以上的初期投资人通过并购方式实现退出，这是众筹股东股份的主要退出方式。

并购的退出方式相比IPO，由于不涉及各种烦琐的手续，整体而言相对简单，同时能够实现一次转让所有股份，而且收益相对而言也不差，因此受到许多投资人的青睐，是众筹投资中最为常见的退出途径。

### 3. 回购

回购退出是指创始团队由于种种原因将股份从天使投资人手中重新买入的退出方式。通过这种方式获得的退出收益并不高，但是相对来说比较稳定而且有保障。

回购退出的方式简单、成本较低，对企业来说吸引力较大。站在企业的角度来看，股份回购可以保证企业的整体性与独立性，增强创业者的影响力与话语权。除此之外，购入价格相对来说并不高，不会影响企业的正常运营。

站在投资人的角度来看，回购退出获得的收益较低，通常只是备选方式，因此采用股份回购退出方式的投资者并不多，但是这一方式已经成为国外投资者股份退出的重要方式。

股份回购退出更加适合经营顺利、发展状态良好的初创企业，这类企业虽然具备一定的盈利能力，但是距离上市标准还比较远。

回购时需要注意的是，在正式合同中一定要将具体的受让价格明确体现出来，而且应当遵守《中华人民共和国公司法》的相关规定。

上述3种退出方式均可以作为企业设计退出机制时的参考。当然，随着企业的发展，退出机制的设计也会不断完善。因此，企业不能墨守成规，要学会在原有退出方式的基础上自我创新，制定出最适合自家企业的退出方案。

# 第三部分　股权激励

随着企业发展环境的变化，传统的激励模式已经不适用于当今时代，难以保证员工能够尽最大努力为企业创造价值，同时也不利于管理者对员工进行有效的监督与约束。股权激励制度的出现，却可以将传统激励模式存在的不足予以弥补，并且成为当今企业发展必不可少的激励手段。

# 第八章　企业如何实现人才有效捆绑

“股权激励”是我国近几年的一大热词，从最开始只有几家大型企业试水，到中型企业逐渐加入，最后形成遍地开花的局面，股权激励早已成为各大企业心仪的运营模式。股权激励不仅可以让高端人才的招聘工作变得更加便捷，还能实现高端人才的有效捆绑，使其与企业融为一体，共同推动企业大踏步发展。这对企业、市场来说，都是一大进步。

本章将从3个方面对股权激励的概念进行分析，即股权激励应当秉承的原则、股权激励的模式与选择技巧，以及股权激励对企业的影响。

## 第一节　企业实施股权激励应秉持的原则

本节主要介绍股权激励的含义与企业在实施股权激励时应该秉承的基本原则，从而对股权激励的设计有更深层次的了解。

### 一、股权激励的概念

股权激励是指为了使被激励对象能够持续地为企业创造价值，通过设定与之相对应的条件为其提供一定数量的股权或权益，使被激励对象与企业利益深度绑定、风险高度共担的制度安排。被激励对象既包括企业的员工，也包括企业外部的利益相关者（如销售商、供应商），主要是指员工。

从其他角度来讲，股权激励的实质是对人力资本的确认，是通过经营者获得公司股权的一种方式。这是一种让员工在做好自己工作的基础上，能够深入参与企业的运营中，既能够以股东的身份获得收益，同时又需要承担与之相对应的风险的激励方法。股权激励能够让员工勤勉尽责地为公司的长期发展服务。现阶段的股权激励模式主要有5种，即股票期权模式、限制性股票模式、股票增值权模式、业绩股票激励模式和虚拟股票模式等。

在当今知识经济的时代，人才更加重要。人才通常具有较强的人力资本，也就是“体现在人身上的资本”。其囊括的内容非常多，如企业对员工进行教育、职业培训等支出，或者机会成本等，表现在员工的知识、劳动与管理技能等方面。人力资本具有无形性、人身专属性、不可压榨性、增值性等特征。

人力资本的经济价值在很久之前就已经得到社会认可，但人力资本的法律地位并没有得到认可，而当代企业的价值通常是由物质资本和人力资本共同创造的。

国内著名股权激励专家王俊强说过：“股权激励方案设计得是否成功，不在于其是否合法合规、字斟句酌，关键在于股权激励能否帮助企业打通企业战略、公司治理、资本运作、薪酬体系、绩效考核、企业文化等各模块的经脉，进而上升为老板治理公司的一套管控哲学，实现愿景与执行、组织规则与个人利益的完美对接。否则，股权激励方案必然沦为人力资源层面的薪酬制度，这对‘稀缺’的股权来说无疑是一种不负责任的挥霍。”

股权激励最重要的意义在于，它能吸引人才、留住人才，进而对企业的长远发展提供持续性的帮助。

## 二、企业实施股权激励应秉持的4个基本原则

在企业的股权激励设计与实施过程中，企业应当遵循4个基本原则。这是诸多企业在长期实践的过程中总结出的经验，若非极其重要且特别的事情，一般情况下是不可以打破上述原则的，如图8-1所示。

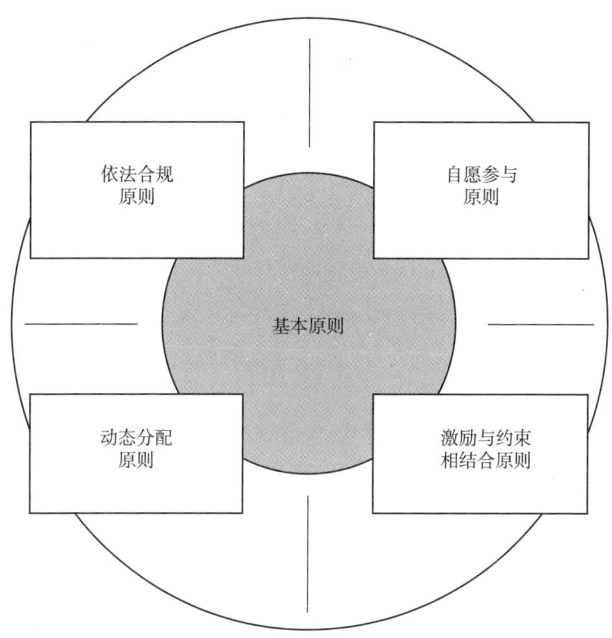


**图8-1　股权激励计划应当遵循的4个基本原则**

### 1.依法合规原则

依法合规原则是最基本的原则，其重要性不言而喻。中国证监会于2016年8月颁布的《上市公司股权激励管理办法》中，明确了上市企业股权激励的模式、授予权益的价格、程序以及相关内容。

无论在什么时候实施股权激励，都不能脱离依法合规的原则，否则激励方案不仅不会得到国家制度的认可，还会受到相关部门的处罚。值

得一提的是，国有控股上市企业的股权激励需要严格遵守《上市公司股权管理办法》的规定，国资委颁布的相关内容也同样是需要注意并且遵守的。

例如，现今有很多企业在全国中小企业股份转让系统挂牌出让股份，即新三板挂牌。挂牌公司虽然不是严格意义上的上市公司，但它如果实施股权激励也会受到股转公司交易规则和相关文件的约束。

股权激励时，如果股票来源于定向发行，那么单次定向发行的人数原则上不能超过35人，即采用股权激励的被激励对象人数不能超过35人。另一个是对持股平台的规定，原则上不可以参加新三板挂牌企业的定向发行。

对于非上市公司，包括有限责任公司和股份有限公司，股权激励并无特别的限制性规定。然而在合法性方面，需要遵守《中华人民共和国公司法》《中华人民共和国合同法》《中华人民共和国劳动法》的有关规定。

总体来说，任何企业推行股权激励计划，都必须严格遵守国家关于股权激励方面的法律、法规。如果企业方案违反了法律的规定、违背了法规的要求，则在法律上是无效的。这样的方案对企业来说，不仅无法实现最终目标，还会因此给企业造成一系列不可挽回的损失，同时也容易造成企业与被激励对象之间的矛盾，起到完全相反的作用。

**2. 自愿参与原则**

自愿参与原则是指企业需要尊重员工意愿，在获得对方同意的情况下开展股权激励计划。如果不是员工自愿，则不能强行指派。

同时，企业也不能“偏心”。例如，在升职与涨工资时对参加股权激励的员工和不参加股权激励的员工区别对待，将好处只分给参加了股权激励的员工，或者在工作过程中不停地给未参加股权激励的员工“穿小鞋”等。

其实，如果需要变相地强迫员工参加股权激励计划，那么企业就应该考虑该计划在哪个环节出了问题，为什么该计划对员工没有吸引力，达不到预期的激励效果呢?

如果股权激励计划自身没有任何问题，那么不参加股权激励计划的员工很可能已经有其他想法。这类员工的发展计划可能与企业的不一致。这就体现出股权激励的另一个作用，即甄别人才。

假设企业推出一个优秀的股权激励方案，企业众多员工都积极参加，但有个别被激励对象并不想参加，此时应当了解其中的详细原因。因为大多数股权激励方案是需要员工出资购买股份的，即使价格优惠，也需员工出资，而且激励股份有一定的锁定期。

在实践中，员工不愿参加可能是因为个人原因，如手中资金不足导致无法购买相应期权；也可能是其他因素，如觉得在城市生活压力大，希望回老家发展；还可能是对企业的发展并不看好，或者打算另起炉灶、自己创业；等等。

对于不参加激励计划的人，企业管理者虽然不得另眼看待，但是应该清楚员工的岗位该如何安排，诸如谁可以成为合伙人、谁可以成为事业发展的伙伴、谁可以作为经理人等。这样股权激励计划就自动将员工分类划分，省却管理者的很多烦恼。

无论哪种企业，总会存在几种人，一种是希望与企业共同成长的具有合伙人心态的员工；另一种是为了生活、职业声誉而兢兢业业工作的人；当然还有一种就是工作消极、负能量极高且对公司漠不关心的人。

企业管理者需要认真辨别以上不同类型的人，股权是专门针对有积极的工作心态并且愿意与公司共同成长的人；而对那些工作消极的人，不仅不能给予股权，还需要清除出去，避免其成为企业发展道路上的绊脚石。

**3.激励与约束相结合原则**

企业推行股权激励计划，目的就是能够充分调动员工的工作积极性，因此在设计相关方案时，往往也是以此作为出发点来考虑的。然而，如果激励过了头，便会过犹不及。也就是说，在股权激励方案中，不能仅要有激励的内容，还需要设置一定的约束机制。

在设置一定的约束机制后，才能引导员工在享受自己的权益时，不会忘记应尽的义务与需要承担的责任。而且员工在利益受损时，也能够坦然面对、积极应对。

在众多约束机制中，最为常用的约束机制包含以下一些必要的内容。例如，对企业整体业绩的要求、对被激励对象的绩效考核要求等。除了这些要求，还有对被激励对象在企业服务期的要求、对被激励对象勤勉尽责的要求，以及对被激励对象不得从事损害或变相损害公司利益的约束等。

如果股权激励对象违反了这些约束机制的要求，那么企业给予他的股份可能被收回，或者让被激励对象退还其相关股份的收益，并且赔偿企业的经济损失等。

股权激励设计中的激励机制和约束机制同等重要，激励机制能够让员工获得股权收益以及分享企业的成长红利，约束机制能够让员工对自己在企业的行为产生约束，二者相辅相成，促使股权激励计划发挥出最好的激励效果。

无约束的激励制度不仅毫无用处，还会让员工滋生“吃空饷”的恶习。当然只有约束也是不合适的，毕竟员工需要有看得见的收益，才会担负起自己的责任。因此，激励与约束相结合的基本原则对股权激励计划的实施至关重要。

**4.动态分配原则**

企业是实时发展的，被激励对象的状态也会不断发生变化，因此股权激励也应当随着主体、环境等的变化做出调整。

动态分配原则可从3个方面来看：首先，企业战略及战术目标的调整将对企业的组织结构、岗位价值权重、专业人员的薪酬造成很大影响，所以企业十分有必要在不同阶段对股权分配方案加以调整；其次，激励计划会随着时间的转变不再适用于某类人，或者被激励对象自身在改变，变得不适合原有的激励计划；最后，股权激励计划的实施还要根据实施的效果和发生的事件做出合理的改变。

因此，动态分配的原则也是企业在实施股权激励计划时应该仔细考量的基本原则之一。

对投资市场而言，如果企业的股权架构不合理，投资人往往是不会进行投资的，而企业股权架构的调整总会涉及股权激励计划的设计和实施。企业管理者在实施股权激励方案时，需要依照以上4个基本原则，斟酌对被激励对象的相关承诺与利益安排。可能这些承诺或利益安排并无严格的规定，但是它们都会被投资人注意到。

投资人投入资金以前，一定会考虑这些承诺和利益的安排是否合理，思考其投资以后能否获得所期待的收益，从而谨慎地加以选择。

总而言之，企业在制订股权激励计划时，只有遵循相应的基本原则，才能设计出更为科学的股权激励方案，才能推动企业的发展。

## 第二节　企业股权激励常见模式与选择技巧

本节将对股权激励的常见模式及企业在不同发展阶段股权激励模式的选择技巧进行分析，下面介绍一些对企业发展有利的建议。

### 一、6种常见的股权激励模式

较为常见的企业股权激励模式有很多种，如业绩股票模式、股票期权模式、虚拟股票模式、股票增值权模式、限制性股票模式、延期支付模式等，如图8-2所示。

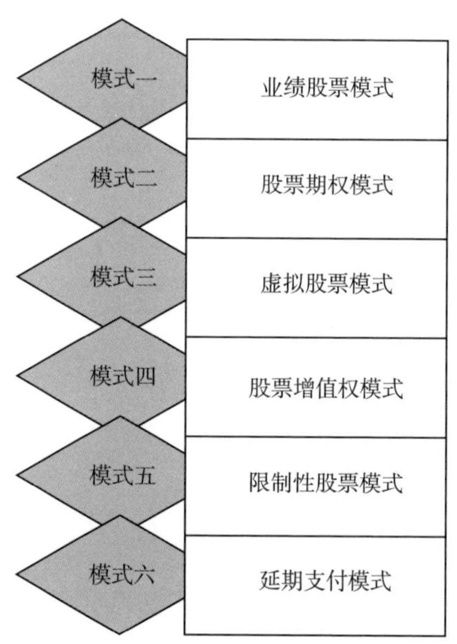


**图8-2　股权激励的常见模式**

#### 1. 业绩股票模式

业绩股票模式是员工以业绩为冲刺目标的模式，即以年度绩效目标为标准。如果被激励对象在年底达到标准，那么公司将给予目标员工一定数量的股份，或者给发放买股票的奖金。

该模式的特点是，对于未达到业绩考核要求、违反公司章程或辞职的被激励对象，未授予的股份可取消；无论是激励机制还是约束机制，都有很好的灵活性。然而，公司绩效目标是否科学是难以保证的，公司高管可能为了获得绩效股份而欺上瞒下。该激励模式适用于稳定、成熟、现金充裕的企业。

### 2.股票期权模式

股票期权模式是指企业赋予被激励对象购买自身股票的选择权，被激励对象可以在约定的时间内以行权价（即双方事先约定的价格）购买企业一定数量的股票，这一激励过程也称“行权”。当然，被激励对象也可以放弃这一权利，但需要注意的是，被激励对象不能将股票期权进行转让。

股票期权模式可以看作企业赋予被激励对象的一种预期报酬，而被激励对象能否取得该报酬，主要取决于其能否完成企业拟定的激励目标。在行权期内，当股价高于行权价时，被激励对象便可以通过价格差获取收益。

（1）股票期权模式的优点：

第一，股票期权模式将被激励对象的报酬与企业的长期利益捆绑在一起，有助于被激励对象与企业的长远利益高度一致性，使二者之间的联系更加紧密。除此之外，通过赋予被激励对象参与企业收益的分配权，把对被激励对象的外部激励与约束转化为自我激励与约束。如果被激励对象要想实现个人利益最大化，就必须努力工作，帮助企业获得更长远的发展，让企业的股价在市场上持续上涨。在企业发展良好的情况下，被激励对象的利益才能提升，实现“双赢”的局面。

第二，股票期权模式可以锁定被激励对象的风险，如果其不选择行权，就不会出现额外的损失。这主要由于被激励对象事先支付的成本较低，甚至不需要支付任何成本。因此被激励对象在行权时，如遇到企业股票价格下跌，被激励对象可以放弃行权，就不会产生额外损失。

第三，股票期权模式实质上是企业赋予被激励对象的一种选择权，在企业发展不确定的情况下做出的预期收入承诺。在激励过程中，企业没有进行任何现金支出，这既是降低企业激励成本的有效方法，同时也是企业通过较低的激励成本吸引与留住人才的重要手段。

第四，股票期权模式主要根据股票价格波动的情况决定被激励对象的收益情况。该模式虽然收益具有较大的不确定性，但是激励力度比较大。除此之外，该模式受到市场及有关部门的监管，相对来说公平性较强。

（2）股票期权模式的缺点：

第一，股票期权模式主要根据股票价格波动的情况决定收益情况，由于价格波动具有较强的不确定性，极有可能导致企业股票的真实价值与股票价格出现不一致的现象。当企业的市场前景持续令人乐观时，被激励对象的股票期权收入可能过高，进而导致一系列问题发生。而在被激励对象行权但没有将购入的股票出售的情况下，如果股票价格迅速下跌并且比行权价还要低，那么被激励对象需要承担行权后纳税和股票下跌造成损失的双重风险。

第二，股票期权模式也有可能引发被激励对象追求短期行为的风险。这主要由于股票期权的收益来自行权价与股票价格之间的差价，因此很有可能导致被激励对象在日常工作中，为了片面地追求股价提升追逐一些短期行为，而不注重企业的长久发展，损害了企业长期利益。

第三，我国目前的相关法律制度仍然需要完善，因此企业采用这种模式时无法得到相关政策法规的保护。

总体来说，对于初始资本投入不高，但是资本增值速度较快，并且在增值过程中人才起到明显作用的企业来说，采取股票期权模式是相对合适的。

### 3. 虚拟股票模式

虚拟股票模式是指公司授予被激励对象虚拟股票，如果公司的业绩目标得以实现，那么被授对象人可以获得分红，但被授予对象没有股份的所有权和投票权，也不能买卖股份。被授予对象离开公司后分红权即自动失效。

虚拟股票在本质上是享受企业红利的凭证，通过虚拟股票实行股权激励不影响公司股权架构，但是这种模式对现金流有很大要求，适合现金充裕的企业使用。

### 4. 股票增值权模式

股票增值权模式是指如果在约定的期限内公司股价或业绩上涨，那么受激励对象可按一定比例获得收益分红。

该模式的特点是易于操作，直接将增值变现即可。但是，公司面临的现金支付压力较大，因此适用于现金流大的企业，并且一般不会单独使用。

### 5. 限制性股票模式

所谓“限制性”指的是两个方面，一方面是业绩限制，另一方面是禁售期的限制。

该模式的特点是，因受制于禁售期的规定，被激励对象会更长久地为企业服务，可保证企业经营和员工队伍的稳定性。限制性股票也有分红权。限制性股票模式适用于稳定发展的企业，也可以与其他激励工具同时使用。

### 6.延期支付模式

延期支付模式是指公司实行“一揽子”计划进行股权激励，并将股权收益也纳入“一揽子”计划中，但是股权收益不是一次性发放分配，而是分次进行。

该模式的特点是约束性强、约束期限长，但是激励力度不如期权。延期支付模式适用于成熟期的企业，在延递期也可享受股权分红。

上述6种股权激励模式都属于与证券市场相关的股权激励模式，其中被激励对象所获得的收益常常会受企业股票价格的影响。这对企业发展来说是一种推动，对作为被激励对象的员工来说也是一种鞭策。

## 二、不同发展阶段企业的股权激励模式选择技巧

企业在不同的发展阶段往往需要不同的股权激励模式，选择技巧也各不相同，需要不断地变换才能使企业更加平稳地发展。如果将企业的不同发展阶段按照不同的时期划分，可以分为初创期、快速成长期、成熟稳定期、衰退期4个阶段，如图8–3所示。

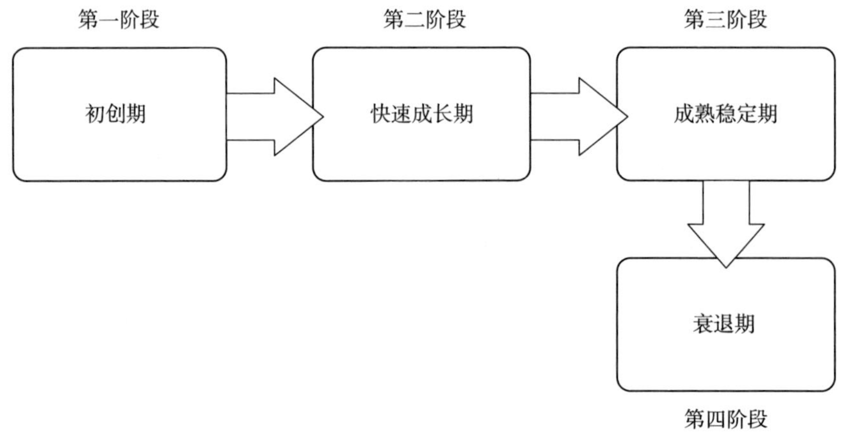


**图8–3　企业的4个发展阶段**

在不同的发展阶段，企业自身特点会发生相应的变化。例如，在创始阶段，创始人的作用对企业的发展来说通常至关重要，企业也同样呈现出对创始人的依赖性。在企业的成长期，往往需要健全的组织管理体系，才能保证企业健康成长。在企业的稳定发展期，企业创始人要考虑的通常是企业接班人的制度设计，还要尽可能地延缓企业衰退期的出现。而当企业呈现出衰退特征时，就需要及时谋求转型，以延缓企业的衰亡。

面对企业发展的4个阶段，企业必须有详细的、行之有效的计划与方案，这样才能使股权激励达到最佳效果。

**1.初创期**

相关数据显示，我国公司的平均寿命为2.7年。在企业的初创期，最大的目标也可以说是唯一的目标就是活下去。对于初创期的企业来说，管理、流程、制度建设都没有生存重要。

在这个阶段，企业的核心大股东既是负责人也是主要业务员，核心管理者通常身居一线，全部重心都在企业的销售方面，不断地为企业拉业务，让企业产生现金流，能够给员工发工资。除此之外，核心负责人还要描绘企业发展的愿景，以增加企业普通员工的信心。

在初创期，企业的负责人最需要解决的就是生存问题，而且对其他员工来说，最关心的也不过是工资和奖金能否正常发放。也就是说，此时企业的激励手段仍以现金、工资为主，股权在这个时期起到的是非常小的辅助作用。

在这个阶段，股权激励能获得成功通常有两个关键因素：

第一，初创企业的核心大股东需要具有较强的人格魅力和感染力，能够经常通过动员增强企业员工的信心。例如，1999年的马云在创业之初就吸引了阿里巴巴的一众员工一起入股，共同创业，并不断地描绘阿里巴巴未来的愿景。虽然当时很多人认为他是疯子、骗子，但马云仍凭借极强的动员能力说动了阿里巴巴的元老。而且事实也证明，马云的确率领创业团队实现了当初的梦想。

第二，善于抓住历史机遇，努力开创一个新的领域，且在该领域内具备行业独角兽的潜质，这样就有机会成功地吸引投资人。例如，滴滴、摩拜、饿了么等企业，就是因为有投资人的加入，才让员工相信企业会有良好的发展。虽然一开始企业并未盈利，但是企业管理者却在给员工进行股权激励时，选择用期权方式将员工的未来利益与企业的利益实行绑定，从而使公司获得较好的发展。

通常而言，初创期企业会许以期权，即许诺给员工一定比例的股权。在给予许诺的时候，企业一定要给员工设定考核条件，如完成规定的业绩、工作满足规定的期限等。这样给予员工股权，可以最大限度地降低企业承担的风险，最关键的是能够帮助企业稳定发展。与此同时，这样的期权还能激励员工努力工作。

**2.快速成长期**

在经历了最初的生存努力之后，企业已经存活下来，并且拥有了自己的业务模式和盈利模式，伴随着企业员工规模的扩大，企业正式进入了成长期。这时企业已经可以稳定盈利，员工们看到了企业的未来，开始产生参与企业分红的需求。

因此，这个时候的股权激励方式就与初创期有所不同，通常包括以下几种：

第一，干股激励。干股激励是指员工不仅不用出资还能分享企业的红利。在用干股激励员工的同时，企业也在不断地发展创新。换个角度来看，干股激励不仅不会增加员工的心理负担，还能让员工分享到企业发展带来的好处，进而实现企业与员工的共赢。

第二，期股激励。在该模式下，员工在不需要全价购买股权的情况下也可以享受入股带来的利益。这部分利益将用来偿还首次购买股份时应该支付的金额。

选择这种方式是因为在快速发展期，企业已经具有了一定的规模和影响力，具备一定的资金实力，能够不用对员工施加过大的经济压力而实现股权激励，进而调动员工入股的积极性。

第三，掏钱买股。掏钱买股既是企业管理者非常乐意见到的一种形式，也是企业管理者心目中最理想的做法。通过直接掏钱买股，可以看出员工对企业的信心。员工掏钱入股的意愿越强，就证明员工对企业的信心越足，对企业管理者的信心也是极大的鼓舞。

不过使用这种方式时，在员工入股以后，企业需要强化对管理体系的建设，企业的管理要实现流程化、规范化，企业的发展要实现品牌化，以保证企业实现持续发展和盈利，使企业在市场竞争中处于强势地位，企业管理者不再在一线亲自“作战”。

### 3.成熟期

当企业走向成熟的时候，入股的员工通常会得到更大的增值回报，这个时期很多企业都会有不同的发展规划。例如，有的企业已经上市；有的企业正在准备上市；有的企业虽然不上市，但仍与员工共享企业的红利。

成熟期的企业，因为企业类型不同，所以激励方式也略有不同，股权激励方案也需要从不同的角度看待。

第一种，已经上市的企业。从我国目前的情况来看，通常已经上市的企业获得较大回报的可能性非常大，因此员工如果获得上市企业的股权，在符合解禁条件以后就可以在市场上进行交易，从而获得较高的溢价，实现套现盈利。这样的股权激励方案在上市公司中屡见不鲜，因此较为常用。

第二种，不选择上市的企业。这类企业可以让员工获得企业的股份，然后随着企业的发展不断分享成长红利。这类企业最典型的例子就是华为，它采用了虚拟股方案。现今华为有超过8万多名员工持有华为的股份，这种独特的股权激励方案也是华为获得长足发展的原因之一。

不上市的企业还可以选择“店面制”模式，即在企业中将股份划分到单个店面，从而实现员工与店面的共同发展。该模式比较具有代表性的是“喜家德虾仁水饺”的358扩张模型。该企业通过店长入股的方式给予店长股份，以实现股权激励，该企业店长的年收入甚至会达到上千万元。

另外，还有一种就是“事业部制”。随着共享经济、平台经济、创业经济的发展，企业组织的形式在不断变化，更多的企业则喜欢采用事业合伙人制度，并且越来越多的企业愿意帮助一些更愿意承担风险、更有创新精神、更有梦想的员工组成事业部，让这些员工在市场中不断地锻炼，逐渐获得企业家的气质。

#### 4.衰退期

衰退是事物发展的必然经历，企业同样无法避免，但是不同的企业衰退的原因不同。一般来说，能够导致企业进入衰退期的通常有4种原因。

第一，企业家本人的生命周期，如“老干妈”的创始人陶华碧早已宣布退休；“华为”的创始人任正非已经70多岁，临近退休；曾经的首富李嘉诚也已经90岁高龄，且已经宣布退休。每个盛极一时的企业家在退休之时，都会给企业带来一部分负面影响，如果负面影响较大，就会动摇企业的“生命力”。

所以，企业家的生命周期会影响企业的生命周期。

第二，企业正常的发展周期。因为任何企业，无论曾经多么强盛，都会出现衰退，这是不可避免的，因此企业最终都会进入衰退期。

第三，企业会受到行业周期的影响。例如，曾经火遍大江南北的传统手机，现今早已被智能手机代替，许多与传统手机行业有关的企业就不可避免地进入了衰退期。除了一些转型成功的手机企业以外，多数生产传统手机的企业早已消失在“市场的海洋”中。所以不难发现，当行业出现衰退时，行业内相关的企业也势必受到冲击。

第四，国家发展战略出现调整。不同的发展时期，国家会出于不同的战略发展需要，扶持不同的产业，如我国正在扶持生物科技、云技术、大数据与高端制造等产业，这些产业就会获得极为快速的发展。

相反地，当国家战略规划淘汰一些落后产能的企业时，这些被淘汰的企业就难免面临衰退，如煤炭企业、传统的化工企业、造纸企业等。

当企业走到了衰退期时，企业要根据不同的衰退原因以进行不同的股权激励设计。如果是第一个原因，企业需要提前找到适合企业的接班人，对企业未来的发展提前布局，并且做好相应的股权激励计划。

当行业陷入周期衰退或国家发展战略出现调整时，企业就要进行转型，进入更有发展前景的行业。如孙正义将自己的资金大量地投资于马云，就是衰退期企业转型成功的代表。

综上可知，在不同发展阶段，企业要采用不同的股权激励方式，并且要抓住股权激励方案中的关键点，这样才能起到事半功倍的效果。企业的管理者在设计股权激励方案时，不仅要“知其然”，更要“知其所以然”。只有这样，才能制定出适合自身企业的股权激励方案。

## 第三节　股权激励对企业融资和上市的影响

股权激励对企业的影响是多方面的，会随着企业的发展不断变化。本节主要介绍当企业发展到融资与上市的阶段时，股权激励所产生的影响。

### 一、股权激励也是一种变向融资

企业的发展离不开员工的努力，股权激励则会让员工变得更加努力。换句话说，股权激励可以实现企业与员工的共同发展，激励的目的也不仅在于激励员工。

其实，股权激励也是一种变相的融资方式。例如，假设某企业的被激励对象用资金购买股权，若企业估值1亿元，那么用30%的股份进行激励时，就可以融资3000万元。所以，对于某些成长性较好但是资金较为紧张的企业来说，股权激励和融资一样具有重要意义。

众所周知，股权激励是吸引人才的手段，本书曾多次提到如何利用股权激励促进公司发展，从而为企业创造更大的效益，其实这些都隐含融资的作用。因此，企业务必要做好股权激励计划。下面详细介绍华为是如何通过股权激励实现变相融资的。

### 1. 1987—1998年，员工持股制度，股权架构维持至今

1987年，任正非与其合伙人成立了华为，注册资本为2万元并且均分股份。1990年，华为开始实行“员工持股制度”。

“员工持股制度”从实行开始，华为员工便可以每股1元的价格入手华为股票，另外一些合资企业的员工也可以进行认购，并且这一价格一直延续到2001年。事实上，在企业发展且难以获得融资的情况下，华为便以这种方式进行内部融资，并且渡过了难关。到了1997年，华为7005万元的注册资本基本上都来源于员工。

但是，由于有些企业利用内部职工股权进行非法交易，国家便要求“立即停止内部职工股的审批和发行”。于是1997年6月，华为改制并简化了其股权结构（见表8-1）。

表8-1 华为改制前后的股权变化

| 改制前 | 改制后 |
|---|---|
| ·688名华为公司员工总计持有65.15%的股份；<br>·子公司华为新技术公司的299名员工持有余下34.85%的股份 | ·华为新技术公司持有5.05%的股份；<br>·华为新技术公司工会持有33.09%的股份；<br>·华为公司工会持有61.86%的股份 |

资料来源：博说股权.施琰博：7000字的文章讲透华为的股权激励[EB/OL].（2018-12-20）[2020-07-15]. https://www.sohu.com/a/283150035_427239.

不仅如此，改制之后华为两家公司的员工股份由其工会进行集中托管，同时还由工会代行股东表决权，这一做法获得了深圳市体改办的同意。

1999年，华为工会分别收购了华为新技术公司5.05%的股份、华为新技术工会21.24%的华为股权。也正因如此，华为的两家工会分别持有88.15%和11.85%的股份。到了2000年末，持有11.85%股权的华为新技术工会并入另一家工会。除此之外，任正非将持有的3500万元股份（约

占总体股份的1.1%）进行了工商注册登记，剩余股份将由华为公司工会持有。

2003年，华为控股成立。华为公司工会所持股份全部转移至此，股东也变更为华为控股持股99.99%。2004年，华为技术有限公司的股东变更为华为控股。在此之后，华为的整体股权除偶尔做出调整外，总体框架没有出现过大的变化。

**2. 1998—2007年，虚拟股权制度；2008—2013年，饱和配股制度**

1998年，华为高层赴美学习员工激励制度，虚拟股权制度受到关注。在虚拟股权制度中，持股人不具有所有权和表决权，同时在这种制度之下发行的股票不需要相关部门进行烦琐的审批程序，像华为一样的非上市企业还可以避免公开市场影响股价。于是，华为开始着手设计虚拟受限股体系。2001年，华为推行虚拟股权制度，并且同样获得了深圳市体改办的同意。

华为的虚拟受限股是指每年华为都会向员工发放虚拟受限股，这些股份都是以审计后的净资产价格、确定股数作为依据确定的。也就是说，华为员工间接享受股权收益，但不具有处置权及投票权，真正能够决定华为重大决策的是由51名持股委员组成的工会。华为的虚拟受限股类似于工会代持，同时还有一些值得注意的事项，如表8-2所示。

**表8-2　华为虚拟受限股的注意事项**

| 事项 | 具体内容 |
|---|---|
| 入股 | 每年度员工按照上一年度的账面净资产投资入股 |
| 收益 | 虚拟受限股的收益包括两部分：年度分红与增值兑现 |
| 分红比例 | 分红比例约为利润的40% |
| 增值收益兑现 | 增值收益在离职退出时兑现，中层以上员工可以每年兑现所持股权总量的10%，其他员工为25%；<br>增值收益=离职时的净资产－入股本金（进入时的净资产值），主动离职不享有收益 |

华为虚拟受限股一经推出，员工原有的股票逐渐转化成虚拟股，本身实质意义就不强的实体股经过转化正式成为虚拟股。事实上，这一转化有两个原因在推波助澜，从而完成了体量巨大的股票形式的转变。第一个原因是华为正在经历其发展过程中的第一个“寒冬”时期，员工基本上对股票的价值持怀疑态度，同时所获的分红收益不高。第二个原因是任正非鼓励员工“辞职”，随后继续回来工作，主要是为了方便完成股票回购。与此同时，一批华为资深员工纷纷离职，手中股票也自然被华为回购。

随着时间的推移，部分老员工由于种种原因导致贡献值逐步降低，而在这种情况下股权份额却有增无减。为了改善这一状况，让股权能够起到更好的激励作用，华为在2008年微调虚拟股制度，使其成为饱和配股制。饱和配股制规定：华为员工股权到达一定级别后，便不能再继续认购股权。这一规定极大地限制了老员工的股权份额，从而促使新员工努力工作。

不得不承认的是，虚拟股制度与华为当时的发展阶段是相符合的，对华为员工起到了非常大的激励作用。虚拟股制度既不影响股东的股权结构，从而维护了管理层对华为的控制力：又能将核心人员与企业双方的利益捆绑在一起，使它们共同成长。华为依靠虚拟股制度的助力，1998—2007年实现了高速发展。

### 3. 2013年之后，TUP制度

没有任何制度可以永葆长青一直有效。随着时间的推移，华为虚拟股权制度的弊端显现出来。不少员工（尤其是在2000年之前加入华为企业的员工）由于种种原因成为典型的“食利者”阶层，从而导致华为出现分配不公的现象，不利于激励新一代员工努力奋斗。

基于种种不良现象，2013年以后华为采用时间单位计划（Time Unit Plan，TUP）制度替代虚拟股权制度。TUP制度通过将奖励递延分配以达到中长期激励的目的。TUP制度更类似于分期付款：让员工拥有获得收益的权利，而这笔收益需要通过未来N年才能全部兑现。举个例子，假设员工小刘在2014年获得了8000股股权，当期股票价值为5.42元。按照华为的规定，员工在获股当年没有分红权，也就是说，小刘在2014年是没有分红收益的，因此小刘的总体分红收益如表8–3所示。

**表8–3　2014—2018年小刘的总体分红收益**

| 年份 | 收益情况 |
| --- | --- |
| 2014 | 零收益 |
| 2015 | 可以获取5000×1/3的分红权 |
| 2016 | 可以获取5000×2/3的分红权 |
| 2017 | 可以全额获取5000股的分红权 |
| 2018 | 在全额获取分红权的同时，还进行股票增值结算。假设华为股价在此时升值到6.42元，则第五年小刘获取的回报是：2018年分红+5000×（6.42–5.42），同时对这5000股股票的权益进行清零 |

如案例所示，华为采取的其实就是五年期的TUP制度，即前四年呈逐层递增趋势，第五年不仅能够获得全额分红收益，股本增值后的收益也同样可以分到员工手中。

华为的TUP制度实行至今，也获得了非常不错的效果。从短期的角度出发，华为的员工获取收益与资历、国籍、性别等没有任何关系，只要对华为的贡献达到一定程度，便可以获得相应的收益。另外，TUP制度还可以有效解决由于激励不足导致工作不足5年的员工战斗力不强的问题。一般情况下，员工工作前两年是投资期，其后才是回报期，这种方式让已经成熟的员工不忍放弃这一机会而打消离职的念头，从而稳定了企业结构，降低了培养成本。

从中长期的角度而言，完善后的TUP制度将会逐步推广，从而降低员工虚拟受限股的收益占总收益的比例。长期来看，对企业有贡献的员工就会获得越来越多的收益，从而解决分配不公的问题。

TUP制度虽然优势明显，但同样具有弊端。例如，长期推广下去，激励效益将会缩减；或者不适用于激励少数核心层，尤其是事业合伙人。因此，TUP制度在目前需要与虚拟受限股相互结合，扬长补短，从而发挥其最佳的激励效应。

## 二、股权激励为企业上市埋下的“3颗雷”

随着发展的需要，企业会有上市的打算，但很多企业在上市前，常常会忽略股权激励过程中的“3颗雷”，如图8-4所示。

| | |
|---|---|
| 一 | 谨记加速行权或解锁 |
| 二 | 及时清理“三类股东”和代持股份 |
| 三 | 谨慎设计股权激励授予方式与周期 |

图8-4 企业上市前容易忽视的股权激励问题

### 1.谨记加速行权或解锁

对企业而言，在申报上市前一定要记得加速行权或解锁，并确保股权激励在上市前履行完毕，因为中国证监会明确要求：“拟IPO企业股权必须权属明确，期权和回购或限制转让条款均应被终止。”

例如，“富安娜”“三星电气”“康芝药业”等已上市的企业，在上市前实施的股权激励均有对被激励对象的股份回购或者限制转让措施，后来也都因为对股权稳定性的考虑废除了相关规定。

当然，也不乏保留了转让限制条款又“过会”的案例，如“天马科技”“海兴电力”等。天马科技曾在2016年11月4日“过会”，在申报上市前曾在2012年8月30日《增资合同》中约定：“如果员工股东于公司首次公开发行股票并上市的申请受理之日前主动或因自身过错等原因离职的，员工股东应将所持有的股份转让给陈庆堂或其指定人，转让价格为原始出资额加算银行存款利息。”

该案例从严格意义上说，股权激励并没有终止。由此可知，中国证监会更加注重的是实质，对于拟上市公司实施的股权激励是否执行完毕的基本判断标准，主要是依据企业后续的安排而定，即后续安排是否会影响到企业股权结构的清晰与稳定。

**2.及时清理“三类股东”和代持股份**

这主要是其非常容易因股权归属问题引起纠纷，所以中国证监会对“三类股东”① 和代持股份的问题非常关注，甚至有可能因此拒绝审核通过。

第一，“三类股东”在企业中的分离特征十分明显，股权转让与变动相对自由。在公开渠道中，第三方想要获得相关信息的难度较大，因此造成股权归属纠纷的可能性是非常大的，企业将会受此影响而出现不稳定的问题。也正因如此，“三类股东”问题一直以来都备受关注。

第二，2020年8月，证监会明确了审核口径，只需要满足下述4个条件，存在“三类股东”的IPO企业即可上市：

一是基于公司稳定性要求，“三类股东”不能作为公司实际控制人；

① 三类股东是指契约型私募基金、资产管理计划和信托计划。

二是规范运作，“三类股东”不能存在杠杆、分级、嵌套问题；三是层层穿透，避免利益输送；四是明确存续期及续期的安排。

**3.谨慎设计股权激励授予方式与周期**

通常而言，股权激励的财务成本对企业净利润会产生影响，股权激励授予价格往往会低于公允价格，其差额要计为股份支付成本，会因此拉低企业的净利润。

因此，企业应当做好上市申报规划（如拟定好申报时间、板块等），在此前提下合理地设计股权激励的授予方式和周期。

一方面，要尽早地实施股权激励，在公允价格尚低时授予股份对净利润的影响较为有限；另一方面，要谨慎地设计授予方式，如果一次性地授予股份只会影响企业本会计年度的净利润，也可能导致账面出现亏损；如果股份多次授予，则分摊到每年的财务成本相对较低，但未来授予股份时对财务成本的影响不可控，且存在较大风险。

所以，具体选择哪种方式应当根据拟申报板块的财务指标要求、拟上市企业的预期业绩、拟授予股份的数量及价格等因素进行综合权衡，以避免因实施股权激励造成财务指标不满足上市要求，从而影响申报进程的情况发生。

# 第九章　企业股权激励方案落地实战策略

上一章对股权激励的定义与常见模式等方面进行了分析，本章将对企业股权激励实战策略的落地方案进行阐述，其中包括股权激励对象的选择方法、股权激励的数量、股权激励标的价格的选择、股权激励部分的股份与资金来源，以及股权激励时限设定等几个方面。

## 第一节　股权激励对象的选择方法

股权激励计划实施时要选择合适的被激励对象，选择的方法也要合理有效，本节将对股权激励对象的选择进行详细阐述。

### 一、企业股权激励只针对4种核心人才设置

通常而言，企业在选择股权激励对象时，主要集中在4种核心人才上，其分别为：① 企业的董事、监事以及高级管理人员；② 企业中掌握核心技术、工作内容以及与技术研发相关的员工（包括研发总监、高级工程师、技术负责人等）；③ 企业中掌握关键运营资源、工作内容以及与市场相关的员工（包括市场总监、核心项目经理等）；④ 企业中掌握重要销售渠道和拥有大客户的员工（包括销售总监、区域负责人等）。

这4类核心人才具备掌握与支配企业核心资源的能力，如果从广义上讲，这些人才可以模糊地概括成3种类型，如图9-1所示。

**图9-1　企业核心人才的3种类型**

### 1.过去的功臣

企业曾经的功臣既可以是企业的董事、监事，也可以是企业的技术性人才，还可以是企业的高级管理人员，即任何对企业有贡献的人都能够成为企业的功臣。对企业而言，功臣曾在过去的发展中为企业立下汗马功劳，可能在当下却无法跟上企业的发展。这些人就算是核心人才的一种，无论是从利益的角度分析，还是从道德的角度来看，企业都应当给予其股权激励。

因为这些即将退下去的功臣们曾经都是企业高管或核心骨干员工，他们手中掌握着企业的各种资源和机密，如果企业在实行股权激励时却没有给予他们相应的股权，他们很可能自立门户，甚至还可能出现投奔竞争对手与企业形成对立的情况。

企业发展到一定程度，必然要避免此类风险的出现，以免对企业造成极大的损失。因此，即便是基于利益的考虑，企业也应当将这些“老同志”作为被激励对象。当然，最终目的并非为了留住他们，而是让他们心甘情愿地退下来。

在我国企业的实践数据中，超过70%的企业老板会给过去的功臣以股权激励，有的是考虑利益因素，有的则是考虑道德和感情因素。

### 2. 现有的骨干

对任何一家企业来说，现有的骨干都是很重要的，所以企业在实施股权激励时，对他们必须予以激励。

需要明确的是，现有的人才才是当下最重要的人力资本，企业当下的价值主要由现有的人才努力创造而来。因此，企业需要让这部分人才获得激励，使其在追求自身利益最大化的同时，也充分考虑企业利益的最大化。通过让这部分人群分享企业成长的红利，进而使其更加关心企业的长期发展。

因此，要对现有的骨干成员授予股权激励，甚至让股权激励成为其收入结构的主要组成部分。现有的骨干成员为了获得收益，在愿意长期留在企业的同时，也能够为企业创造更大的价值。

需要注意的是，不能由于现有骨干成员的重要性就无条件授予其股权，一定要设定相应的条件，通过结合内在约束性及外在约束条件对被激励对象的行为进行约束。

由此可见，与薪酬制度相比，将股权与现有骨干的利益绑定，更像是为其提供了一副具备高价值的“金手铐”，起到了激励与约束并存的作用，将企业与现有骨干的利益紧密地捆绑在一起。

### 3. 未来的人才

未来的人才对企业来说是重中之重，因为股权激励并非“一锤子买卖”，而是不断发展与变化的过程。所以，企业要结合实际情况及发展状况对激励计划做出长远安排，即对未来人才的选择与安排，否则很容易使企业出现断层问题，故而对未来人才的股权激励问题对企业来说尤为重要。

举个例子，某家尚未上市的企业在拟定股权激励方案时，决定针对现有的优秀骨干授予总计份额为25%的股份。值得一提的是，这种方式也是许多企业在拟定股权激励方案时经常会选择的方式。

企业如果在实施股权激励之后的5～8年内上市，这个方案就不会有任何问题。但是如果企业太长时间不上市，股权激励的负面影响就会出现，即多年以后，企业当时的被激励对象因为种种原因早已带着股份离开，或者其中一些人已经从企业高管变成了企业的中层，但现任企业高管却没有任何股份。

如果在这种情况下，企业又针对新来的优秀骨干授予总计份额为25%的股份，那么在没有其他新入股股东的情况下，企业创始人手中所持股份就会只剩下50%。如此反复多次之后，最终企业创始人手中的股份可能会少之又少。在这种情况下，企业进行股权激励可能起到相反的作用。

因此，企业未来的发展战略必然是企业进行股权激励时考虑的重要因素，包括规划出企业发展所需的未来人才。这些未来的人才通常可以分为以下3种：

第一种是当下并不是企业的一员，但随着企业的发展将会加入企业中并创造价值的人才。第二种是企业当下已经在职的被激励对象，但由于其贡献不足或者职位较低等原因，股权激励力度相对较小。而随着企业的不断发展，这些人逐渐成长起来，成为企业的核心人才，自然需要追加股权激励的额度。第三种是刚进企业的员工，属于企业未来的“栋梁之材”。也就是说，当下虽尚未被授予股权，但随着日后其发展成为企业的中流砥柱时，就需要给予股权奖励。

其实很多企业在实施股权激励的时候，都会面临一个相同的问题，那就是目光短浅，忽略了企业的长期发展战略，对被激励对象的选择也是模棱两可，没有章法可循。这样的经营方式是万万不可取的。对企业来说，选出合适的股权激励对象能够给企业发展提供强大的助力，让企业的利益实现最大化。

## 二、通过量化数据筛选企业核心人才的实战技巧

通过量化数据筛选企业核心人才的标准有两个方面，如图9–2所示。

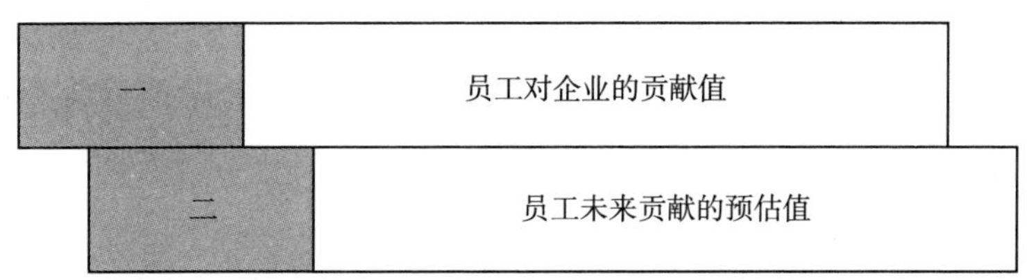


**图9–2　筛选企业核心人才的两个标准**

### 1.员工对企业的贡献值

员工对企业的贡献是一个可以粗略数据化的东西，企业可以将员工的各项贡献设立一个相应的指标，达到指标和超过指标都对应不同的数值，以此确定贡献值的大小，并将贡献值较大的员工确定为核心人才。

### 2.员工未来贡献的预估值

企业除了员工已经做出的贡献外，还可以根据员工的能力预估其未来能够做出的贡献，以此作为预估贡献值并将预估贡献值作为选择核心人才的标准。

# 第二节　明确股权激励数量

明确股权激励数量是很重要的问题，下面将从3个角度对此进行阐述，分别是确定企业股权激励总量时应考量的3个维度、股权激励个量的

确定以及成功案例的实战分析。

## 一、确定企业股权激励总量时应考量的3个维度

很多企业下定决心要进行股权激励，但却不知道该拿出多少股份进行分配。虽然法律规定上市企业授予被激励对象的股份数量不得超过企业总股本的10%，但是由于上市公司股本庞大，10%的股份已经是非常可观的数量。

对非上市企业来说，更多的是根据自身情况来决定股权激励的总量，比较常见的比例为10%~20%。

在设计股权激励的方案时，很多企业的管理者会担心股份分少了没有激励效果，股份分多了会造成过度激励，而且自己的控制权也会受到影响。那么选择多大比例更加合适？该问题需要从3个维度进行考量，如图9-3所示。

**图9-3　确定企业股权激励总量时应考量的3个维度**

### 1. 发展阶段

确定企业股权激励总量时第一个要考量的维度是发展阶段。对于发展阶段的解读，前文已做过介绍。初创期的企业通常处于投入阶段，资金不充足，企业未来的发展面临更大的不确定性，所以员工的工资水平通常较低，需要采用比较常见的期权方式对核心员工进行吸引、激励与挽留，故

而激励的总量较大，而且越早期的企业拿出的股份就越多。根据市场数据，比例普遍为20%~40%。

成熟期的企业则具备较大的经营规模，销售额和利润的表现相对比较稳定，尤其正在上市或者已经上市的公司，企业股本较大，相同比例下股数也会变多。所以在进行股权激励时，企业拿出的股份比例就可以低一点，通常来说，比例为10%~20%。

拟上市的企业因为规模较大，所以股票风险相对较小，而且上市后的收益也十分可观，因此股权激励的比例即便较少也能够让员工满意。对已经上市的企业来说，比例就可以降至更低。根据市场调查的统计数据，如今超过一半的A股上市企业确定的股权激励比例为2%~4%，而且基本上超过90%的上市企业股权激励的比例在6%以下。

我们不难发现，即便是同等比例的股权，净资产高、规模大的企业通常都会比净资产低、规模小的公司收益要高。所以，企业确定股权激励的数量需要根据自己的净资产与规模来确定，这样才能得出较为合理的结果。

**2.行业属性**

第二个要考量的维度是行业属性。行业属性对一些人力资本依附性强、资金门槛较低的企业（如高科技公司、互联网公司）来说，要想留住核心人才，股权激励的数量应适当增加；而对于一些传统行业、重资产行业，股权激励的数量则可以适当地减少。

假设某企业是做某种工业用药剂的，企业的核心竞争力就是技术和配方，对资金投入的要求不高，所以在股权激励计划中就应该授予核心技术人员较高比例的股权；而另一家企业是做园林工程的，企业的股本比较大，行业也相对比较成熟，因此整体的人才可替代性要强于前一家企业，所以股数激励的比例可以从最初预设的20%调整到较低的15%，这种调整不会对公司的发展造成太大的影响。

### 3.股权收益

第三个要考量的维度就是股权收益。一般情况下，股权激励对企业员工来说就是一种投资行为，因此企业员工在考虑资金安全性的基础上，一定会考虑投资的收益情况。

以实股模式为例，企业员工在成为股东以后，可能获得的股权收益来源为基于企业正常生产经营所得形成的股东分红与股份增值收益。

企业上市之前的资本收益，通常就是外部投资者用更高的价格入股的收益，这些只是账面上的数字，企业员工普遍拿不到实际的收益。

企业上市以后的资本收益就显得比较可观，很多企业员工的收益可以翻5倍甚至10倍以上。所以，企业在考虑股权激励总量以前，可以先依据企业的发展进行预期收益测算，让股权收益始终保持在一个比较合理、比较有吸引力的水平。

总而言之，从企业层面来看，股权激励的总量与企业的发展阶段、行业人力资本依附程度等诸多因素有关。市场竞争激烈及人力资本依附性强的企业，股权激励的数量就会相对较多；反之，则较少。从员工层面来看，激励的总量又与个人能力紧密相关。

## 二、基于中长期薪酬考量的企业股权激励个量确定

如前所述，企业实施股权激励的根本目的在于绑定战略核心人才与企业一同成长、获得成功，并非做“大锅饭”，所以只有员工个体激励数量呈现层级激励时，才能实现激励效果的最大化。

企业的股权激励同样带有一定的“对赌”性质，只有当企业发展得非常好时，激励股权变现才会获得较为丰厚的回报。一方面，企业必须对持有激励股权的员工进行准确的绩效考核；另一方面，期权是企业对员工未来的承诺，当下的薪酬同样不能因为有期权存在而大打折扣。

如果考察一名员工对规模性企业起到的作用及贡献，薪酬显然是第一标准。员工的薪酬水平是其对企业贡献的明显标志，在计算股权激励个量（个体激励数量）时，薪酬同样是不可或缺的参照标准（见图9-4）。

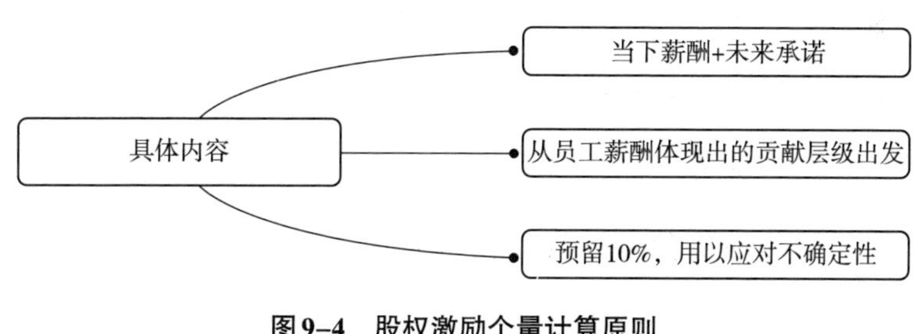


**图9-4　股权激励个量计算原则**

所以，与核心人才占据企业大部分薪酬支出类似，企业股权激励机制落地后也往往表现出此类特点。较为通行的经验是，核心团队获得的股权激励份额不少于总量的60%，团队领头人获得不少于20%的团队总激励份额。只有这样安排才能推动企业稳定发展。

除个人贡献之外，岗位层级已有人数、岗位层级应获得的激励股权比例也是需要考量的因素。实际计算中通常遵循（激励总量×90%）×（岗位层级已有人数+预期新增人数）×（岗位层级应获得的激励股权比例）的计算公式。之所以用90%的激励总量进行计算，是因为需预留10%的份额用于应对分配过程中出现的不确定情况，以免到时措手不及。

如图9-5所示，在具体实施过程中，在企业的不同发展阶段有3种经典的个量激励股权份额计算方法供企业选择。

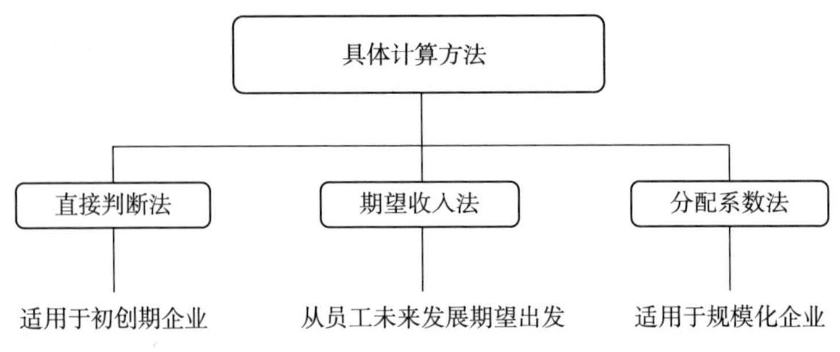


**图 9-5　股权激励个量计算方法**

### 1. 直接判断法

直接判断法，即经董事会或股权激励制定委员会评判后直接决定被激励对象应获得激励股权数量的方法，主要依据职位、贡献、竞争对手情况进行制定。该方法优势是简单且效率高，缺点是由于集中制定，很难让每个人都满意，因此通常会有扯皮的情况发生。

### 2. 期望收入法

期望收入法，即一种基于未来收入进行计算的方法。其计算方式相比直接判断法较为复杂，通常采用反向推导的方式，以员工在激励实施年限时间内的预期收入反向计算激励个量，适用公式为：

个人股权激励个量 = 激励股权预期收益 ÷ 每股预期收益

= 个人年薪 × 激励实施年限 ÷ 每股预期收益

### 3. 分配系数法

与期望收入法相反，分配系数法可看作直接判断法的正向细化计算，从总量推导出个人能获得的激励份额，经典公式为：

个人股权激励份额 = 激励总量 × 被激励对象个人分配系数 ÷ 企业总分配系数

其中，企业总分配系数为公司全部个人分配系数之和。

但是，无论企业采用哪种计算方式，在实施落地过程中都要为未来调整预留出一部分余量，且掌握好分批次授予的技巧。

## 三、【案例】成功企业常用的“薪酬+期权比例”方案

股权激励的薪酬与期权比例该如何设置，可以参照一些企业的成功案例并从中吸取经验。

在实践中，企业应该按照以下方式制定“薪酬+期权比例”的。

第一，通常情况下，不需要对所有员工实行这种方式。这种方式仅限于技术骨干和管理层，人数控制在总员工人数的10%以下。

第二，预留的期权池，也就是通常所说的员工持股计划（Employee Stock Ownership Plan，ESOP），期权比例通常为10%~15%。股东以股东会的形式确定具体比例，授权董事会具体执行。ESOP可以由大股东先代持，然后等达到行权条件后再由大股东转让给员工，也可以由各股东先按比例代持，然后等达到行权条件后再按比例转让给员工。例如，假设某公司有3个股东，持股比例分别为A股东70%、B股东20%、C股东10%。如果按照董事会确定的行权条件，需要将3%的股权比例奖励给某员工，则A股东需要拿出2.1%，B股东需要拿出0.6%，C股东需要拿出0.3%。

第三，期权的授予一定要与员工的业绩挂钩，具体的考核指标通常由董事会确定。

在实践中，董事会先确定ESOP的具体奖励人选。例如，最终确定的人选是总经理、财务总监和人力资源总监，那么会先让这3位候选人提交未来3个年度的工作设想和计划。在他们提交的工作设想和计划的基础上，再设计出每个人的考核目标，最后以董事会决议的方式固定下来。假

设设定15%的期权池，分3年行权，其中9%给总经理，每年3%；3%给财务总监，每年1%；3%给人力资源总监，每年1%。

总经理的行权条件是，第一年公司收入不低于6000万元，净利润不低于1000万元。第二年公司收入不低于8000万元，净利润不低于1500万元。第三年公司收入不低于1亿元，净利润不低于2000万元。在未来3年中，哪一年如果达到了目标，就拿出3%转让给总经理。如果当年没有实现目标，就没有对应的股权授予。

财务总监的行权条件是，第一年要实现合理税收筹划，税负同比上一年下降10%以上。第二年要实现银行为公司提供不低于5000万元的综合授信，且向董事会提交公司现金流管理制度和应收账款预警制度。第三年实现公司股权融资额不低于第二年要实现的公司股权融资额。

人力资源总监的行权条件是，第一年需完成公司两个副总裁的岗位招聘，且招聘的岗位不得在半年内离职。第二年需保证公司员工流失率不高于2%。第三年实现公司单人绩效考核制度的完成，以及公司价值观、使命及人才战略的制定。

同样地，哪一年如果达到了目标，就拿出1%转让给财务总监或人力资源总监。如果当年没有实现目标，就没有对应的股权授予。这样做的好处在于保证了激励方案的公平和公开，奖励的股权不是针对某个人的，而是针对某个岗位的，任何有能力的人都可以通过完成提前制定的目标得到公司的股权。而且，将期权的分配年限拉长，可以保证在可预期的未来，核心人员队伍能保持相对稳定。

第四，如果某位员工没有完成业绩考核，则那部分股权仍然由代持的股东持有，继续放在期权池里并等待下一轮分配。

第五，在实践中，要区分应该授予的是股权还是股份。如果是有限责任公司，那么奖励的是股权，是一个比例；如果是股份有限公司，那么奖励的是股份，是一个具体数字。毫无疑问，对股东而言，授予股份更加省钱。因为公司的价值在不断扩大，中间会经历注册资本和净资产的变化。如果按比例授予，同样是3%的股权，但每年的3%所代表的价值则完全不同。股份有固定的价格，即每股1元，所以3年前的100万份和3年后的100万份还是一样的，不同的只是公司的股份可能从2000万份增长到了6000万份。

当然，不同企业的发展情况不能一概而论，要学会对不同的发展情况制订合适的方案。实际的期权比例，还是要根据企业所处的行业加以调整。

另外，有一点是可以确定的，即随着创业企业的不断发展，股权也会变得越来越值钱。无论是后期进来的资本还是后期加入的员工，所要承担的风险都要比早期小很多。

## 第三节　股权激励标的价格的选择

股权激励标的，即股权激励的形式，主要分为两种：一种是实股，另一种则为虚拟股。不同股权形式的价格选择有所不同，本节主要讲述如何给不同形式的股权进行定价。

### 一、不同股权激励模式对应激励标的价格不同

股权激励模式不同，在激励标的定价上也会产生很大的差别。如前所述，股权激励标的分为两种形式：实股和虚拟股。实股即需要员工实际出

资并在工商局登记注册的股份。虚拟股则是既不需要出资也不在工商局登记注册的某种股东权益形式，如分红权、股权增值权等。

对股权激励标的来源的确定，我国法律有相关规定。

《上市公司股权激励管理办法》[①]规定：

> 第十二条　拟实行股权激励的上市公司，可以下列方式作为标的股票来源：（一）向激励对象发行股份；（二）回购本公司股份；（三）法律、行政法规允许的其他方式。

根据《股权激励有关事项备忘录2号》[②]的规定：

> 三、股份来源问题
>
> 股东不得直接向激励对象赠予（或转让）股份。股东拟提供股份的，应当先将股份赠予（或转让）上市公司，并视为上市公司以零价格（或特定价格）向这部分股东定向回购股份。然后，按照经我会备案无异议的股权激励计划，由上市公司将股份授予激励对象。上市公司对回购股份的授予应符合《公司法》第一百四十三条规定，即必须在一年内将回购股份授予激励对象。
>
> …………
>
> 六公司如无特殊原因，原则上不得预留股份。确有需要预留股份的，预留比例不得超过本次股权激励计划拟授予权益数量的百分之十。

激励标的定价是指确定激励性股权的价格，具体确定方式要从两个方面考虑：一是企业估值，二是被激励对象的工资收入水平。

---

① 2018年8月15日，中国证券监督管理委员会根据《关于修改〈上市公司股权激励管理办法〉的决定》加以修正。

② 2008年5月6日公布。

### 1. 企业估值

企业估值方法可分为三大类：第一类是通过原始出资价格进行估值。假设企业的原始出资价格就是每股1元，则企业估值也就为每股1元。

第二类是净资产定价法。其计算公式为：

改善的股份价格=净资产 ÷ 总股本

该方法要求先计算出企业的净资产，随后确定总股本。净资产定价法简单直观，易于理解，是我国非上市企业进行股权激励时比较常用的一种方法。虽然净资产定价法比较简单，但是相较而言显得略为“粗糙”。企业规模较小，业务相对简单时，采取这一方法来定价比较合适。例如，企业的净资产总额为900万元，而实收资本为90万元（股），所以最终每股的净资产就是900万元 ÷ 90万股=10元/股。

第三类是估值法，可分为相对估值法与绝对估值法两类。其中，相对估值法中的市盈率定价法最为常见，详细公式为：净利润总额 × 市盈率 ÷ 实收资本总额。市盈率定价法是通过模拟上市企业定价的方式确定价格的方法，即将市盈率乘以预测的每股收益获得每股价格。企业打算使用这一方式定价时，先计算出总收益及确定总股本，才能获得每股收益。该计算方法中的市盈率指标，可以通过参考企业同行、同类企业上市时市场给出的市盈率确定。

### 2. 被激励对象的薪资水平

如果被激励对象的薪资水平与市场整体相比较低，说明员工的收益是低于其贡献的，因此设定的股价应该低一些；反之，则相反。通常情况下，具备一定规模与影响力的企业，其工资、奖金及福利等都相对较好，因此不会设定过大的激励股份比例；与之相对的是，规模和影响力都不足的企业能够提供的薪酬和福利较差，并且发展前景不明朗，因此需要预设较大的激励股份比例来激励员工。

一般而言，员工的总体薪酬水平可以用来计算企业的股权价值（计算公式：股权价值=公司年度薪酬支出 × 系数）。系数可以由行业水平与企业情况相结合来确定。

除此之外，企业的股权激励方案还可以分成3种，即股票期权激励、限制性股票激励和股票增值权激励。3种方案根据不同的法律规定又有不同的定价方法。

企业授予被激励对象股票期权应当参照《上市公司股权激励管理办法》第二十九条的规定：

> 上市公司在授予激励对象股票期权时，应当确定行权价格或者行权价格的确定方法。行权价格不得低于股票票面金额，且原则上不得低于下列价格较高者：（一）股权激励计划草案公布前1个交易日的公司股票交易均价；（二）股权激励计划草案公布前20个交易日、60个交易日或者120个交易日的公司股票交易均价之一。上市公司采用其他方法确定行权价格的，应当在股权激励计划中对定价依据及定价方式作出说明。

对于限制性股票激励标的的定价，应当根据《股权激励有关备忘录1号》①的相关指导意见，即：

> 三、限制性股票授予价格的折扣问题
>
> 1.如果标的股票的来源是存量，即从二级市场购入股票，则

① 2008年3月17日，中国证监会上市公司监管部发布。

按照《公司法》关于回购股票的相关规定执行；

2.如果标的股票的来源是增量，即通过定向增发方式取得股票，其实质属于定向发行，则参照现行《上市公司证券发行管理办法》中有关定向增发的定价原则和锁定期要求确定价格和锁定期，同时考虑股权激励的激励效应。

（1）发行价格不低于定价基准日前20个交易日公司股票均价的50%；

（2）自股票授予日起十二个月内不得转让，激励对象为控股股东、实际控制人的，自股票授予日起三十六个月内不得转让。

若低于上述标准，则需由公司在股权激励草案中充分分析和披露其对股东权益的摊薄影响，我部提交重组审核委员会讨论决定。

股票增值权激励标的的定价方法，与股票期权激励标的定价方法一致。

## 二、企业确定股权激励标的价格时应考虑的4种因素

企业在确定股权激励标的价格时，应当考虑以下4种因素，如图9-6所示。

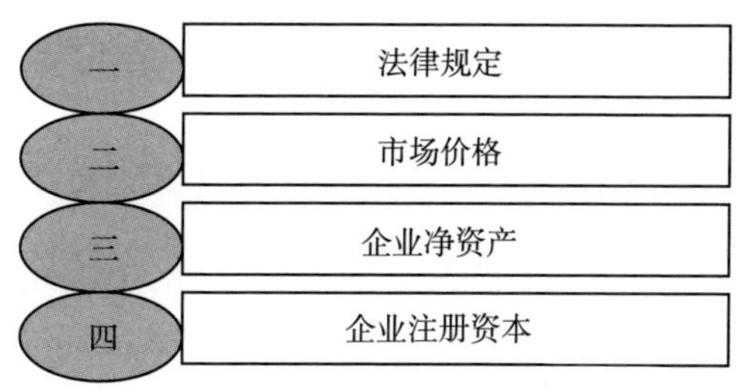


**图9-6　企业确定股权激励标的价格时应当考虑的4种因素**

**1.法律规定**

企业在确定股权激励标的价格时，必须考虑国家相关的法律、法规，任何企业的发展都不能忽视这一因素。

**2.市场价格**

企业在确定股权激励标的价格时，也应当对比同行业、同类型上市企业的股价并将其作为参考，打一定的折扣以后，再作为股权激励的行权价格。

**3.企业净资产**

企业的净资产也可以作为股权激励标的价格确定的基础，该因素通常在重资产、传统型、融资不活跃类型的企业确定股权激励标的价格时，显得尤为重要。

**4.企业注册资本**

以企业的注册资本作为衡量因素的方法，适用于注册资本金和净资产相差不大的企业，或者是一些没有其他数值可以参照的初创期的企业。对企业而言，这是一种较为简单的定价方式。

总而言之，企业价值的计算方法有很多，所以企业股权激励标的价格的确定方法也有很多，企业应当根据自身的实际情况及战略需要斟酌确定。

## 三、不同发展阶段企业的股权激励标的价格的异同

企业在发展过程中大致会经历3个阶段，分别是小型企业阶段、中型企业阶段及上市企业阶段，如图9-7所示。企业在确定股权激励标的价格时，在不同的发展阶段有不同的侧重点。

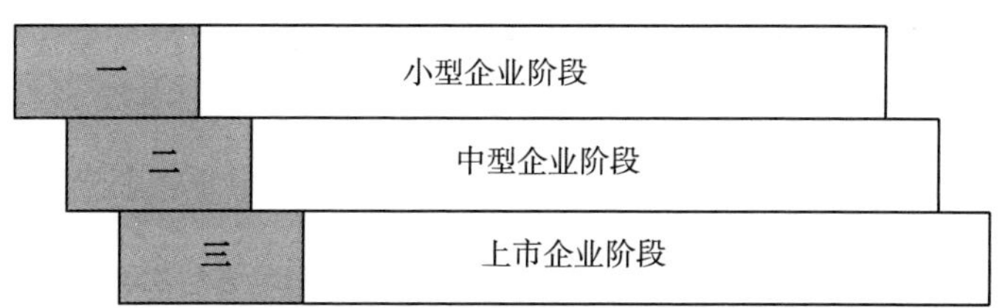


图9–7　企业发展的3个阶段

### 1. 小型企业阶段

这个阶段的企业处于发展的初级阶段，通常需要予以员工较大的激励来促进企业的发展。所以这个阶段的企业在确定股权激励标的价格时，可以期权为许诺，规定员工如果取得一定的业绩，就能得到相应的股权。这样的设置对企业和员工来说，益处都是非常大的。

### 2. 中型企业阶段

这个阶段的企业发展已经经历了生存阶段，处于稳定发展的中级阶段。在此阶段，企业在确定股权激励标的价格时可以采用的方式除了小型企业阶段的期权外，还可以采用虚拟股权的方式，如奖励分红等。

### 3. 上市企业阶段

这个阶段的企业已经具备上市的条件，所以在确定股权激励标的价格时可以采用实股激励的方式。实股在上市阶段能够为员工提供更大的回报，能够促进企业多方面的发展。

## 第四节　用于股权激励的股份与资金来源

企业在进行股权激励的时候，会涉及股份与资金来源的问题，不同的企业或者员工有时可能有不同的资金来源。本节主要介绍企业进行股权激励所需股份的3个有效来源和不同来源之间的差异性。

## 一、企业股权激励所需股份的3个有效来源

如果企业想要着手推行股权激励计划，那么前提是必须准备好足够数量的股份并将其授予员工，否则股权激励计划就是无本之木，根本无从谈起。由此可见，具备一定数量的股份才能满足股权激励计划推行的需要，这就需要企业思考推行股权激励计划所需股份的来源。一般而言，所需股份主要是源于以下3种方式。

### 1.通过增资扩股、定向增发等方式

简单来说，该方式就是通过增加企业的总股本满足股权激励计划所需股份。但明显有个缺点，即原有股东所持股份的比例也会随之降低。

增资扩股是指企业通过发行股票、向社会募集股份等方式依法增加注册资本金，是企业为了扩大生产经营规模、优化股权结构的一种融资方式，能够有效提升企业竞争力及信用度。在企业的发展过程中，增资扩股是必不可少的，是增强企业经济实力的重要方式，其重要程度不言而喻。

定向增发是指企业在上市之后，可以拟定一定的条件，并对符合条件的被激励对象非公开发行股份。但定向增发有人数限制，即发行对象不得超过10人，因此符合条件的只能是少数的特定投资者。企业进行定向增发股票，可以采取一次申请、分期发行的方式，能够有效减少股票发行审核程序。需要注意的是，定向增发的监管方式较为严格。

### 2.回购企业股份

通过回购的方式能够保证企业总股本不变，但是需要结合企业的资金实力及现金流的情况，因此这种方式并不适用于所有企业。需要注意的是，回购需要经过股东大会的同意才能着手进行。

### 3.股权转让

股权转让取决于股东，特别是大股东。通过股权转让的方式，企业的总股本也可以维持原有数量，但是股东的持股比例也会降低。另外，股权转让方式存在一个明显的缺陷，就是股票来源的持续性难以保障。

下面，我们通过通产丽星的案例来了解该企业实施股权激励的股份来源及相应的效果。

“通产丽星”成立于1995年，主营业务为工艺装备及精密模具设计、改性及环保材料研发、包装废弃物循环利用技术开发、塑料容器/制品的技术开发及销售等。2004年以前，通产丽星的发展颇为不顺，并且面临破产清盘的风险。从2004年开始，通产丽星实行了管理层股权激励制度，使企业起死回生，并且使通产丽星成为该行业的佼佼者。在此之后，2005—2009年通产丽星净利润平均环比增长超过25%，到了2019年其净利润已经达到5.36亿元，其股权激励制度也成为各家企业学习的范例。

通产丽星股权激励方案的被激励对象包括总经理、副总经理等管理层人员，同时还包括总工程师、总工艺师等技术骨干成员。整体来说，该方案看重调动各个层面的工作踊跃性，以增强被激励对象经营管理与技术创新的动力。

另外，多种模式兼具的股权激励方案也是通产丽星公司执行长效激励机制的重要亮点，其主要激励模式为增资扩股入股、增值奖股及股份期权3种类型。增资扩股的主要针对目标为企业的经营团队，激励内容为经营团队按当期净资产价格认购企业总股本的3%，并且需要一次性付款完成，可以说是经营团队对企业的一种直接投资；增值奖股是拟定经营利润后，当超额完成年度利润任务时，超额利润便可以提成折股作为嘉奖；股份期权是针对高管人员、技术骨干进行的股权激励，是通产丽星董事会在3年内授予的总额为1500万元的股份期权。通过实施股权激励制度，通产丽星的高管人员、技术骨干与企业完成了绑缚。

## 二、自筹资金与提供融资在员工购买激励股权方面的不同

不同的企业在进行股权激励时，会在资金来源选择上有很大的不同，有的企业会选择让员工自筹资金，有的企业则会选择提供融资给员工。

### 1.员工获得股份的资金来源

总体来说，在进行股权激励的过程中，员工获得股份的资金来源有3个方面，具体如图9–8所示。

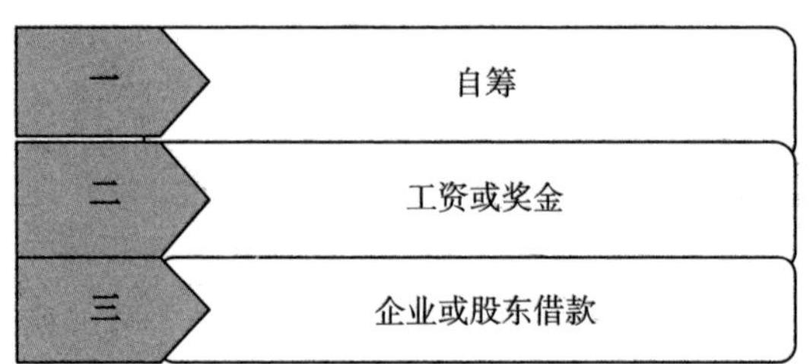


**图9–8　3个资金来源**

（1）自筹，即员工通过自己筹集现金出资购买企业股票。对员工而言，这种出资方式的现金压力比较大。但是一般情况下，企业在授予激励标的股份时，会给一些优惠，这也是最为常见的方式。

（2）工资或奖金。在员工无法通过自筹方式购买股份的情况下，企业通常会考虑将员工的工资或奖金作为购股资金的来源。

（3）企业或者股东借款。目前，法律、法规没有明确表示企业或者股东不能够借款给被激励对象，因此企业或者股东借款给员工是可行的方

式。与此同时，企业或者股东为被激励对象的借款提供担保的方式也比较可行。

**2. 自筹资金与提供融资**

（1）自筹资金是目前多数企业在行权时比较常用的一种方式。这种方式可以让员工对与企业共命运有更深刻的体会，对企业的兴衰也会更加放在心上。

自筹资金的案例十分常见，如湖南华菱管线股份有限公司曾经披露一份激励草案，表示员工的购股资金来源是个人承担一半，企业则承担另一半。

（2）提供融资，包括企业提供的各类奖励基金，既可以从净利润中提取，也可以从其他渠道获得，只要能够得到股东大会的同意即可。也就是说，只需要股东同意与被激励对象进行“利润分享”，其他方面都不是问题。

虽然这种提供资金的方式符合法律规定，但是如果设置不好，就会演变为企业的税收问题，很容易带来一些不必要的麻烦。

## 第五节　股权激励时限设定

股权激励方案制定完成以后，在实施过程中要注重对期限的设置，设定合适的时限能够较大程度实现激励效果。

### 一、设定禁售期与解锁期才能获得股权激励的最佳效果

在企业实施股权激励使员工获得股权以后，员工往往会追求长期的股

权增值与分红回报。而且从激励的角度来看，股权激励本身也属于一种长期的激励机制，它不同于一般地按月发放工资进行激励，也不同于一般地按年发放奖金进行激励。

因此，为了获得更好的长期激励效果，企业在实施股权激励的过程中，需要关注的时间因素有两类，如图9–9所示。

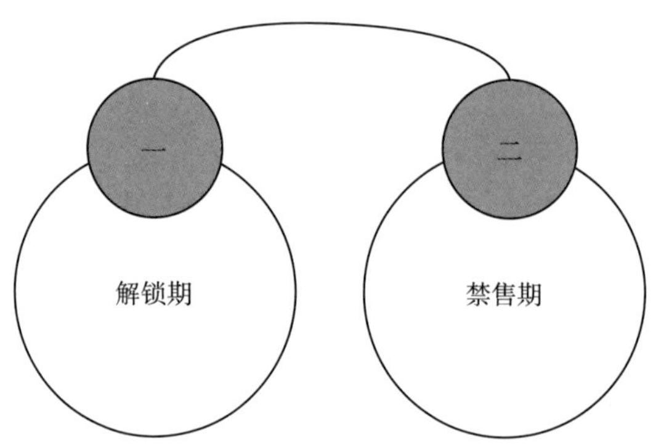


图9–9　股权激励过程中的两类时间因素

### 1.解锁期

解锁期是指企业为了更好地调动被激励对象的工作积极性，会通过加大激励力度的方式来获得业绩提升的效果。因此，企业在实施股权激励时，往往将股权激励与企业年度业绩的实现进行绑定，然后通过分期和分批的方式发放。这就出现了解锁期问题。

例如，某企业采用限制性股票模式时，设计了一定的解锁期，即对授予员工的股票分几年进行解锁，每年只允许解锁一部分，并且将该年是否可以解锁与企业和个人的业绩考核情况联系起来。这就促进了企业业绩的提升。

企业采用股票期权模式也是如此，同样是分批设置不同的解锁期，每批解锁期过了以后将是否可以行权与个人的业绩考核相关联。

### 2. 禁售期

被激励对象行权后，便可以开始获得股权收益。但是，为了防止被激励对象利用私权牟取不正当利益，企业会在合理范围内设立一个时间段，以限制被激励对象持有的股票在这段时间内流通，该时间段过后才可以自由地流通，这一时间段便是禁售期。

对上市企业而言，对高管等售卖股票通常会有十分严格的要求；但对非上市企业而言，多数企业的股权激励常常会采用封闭的管理方式，明确规定不得向外部人员售卖。所以对非上市企业来说，设置禁售期不会有很明显的作用，因此通常也不会设置很长的禁售期。

## 二、常见企业股权激励时限设定的经验参考

常见的时限设定除了解锁期与禁售期外，还包括有效期、可行权期、服务期等。

### 1. 有效期

股权激励计划的有效期是指整个股权激励计划的存在周期。例如，对一般的A股上市企业而言，整个股权激励计划的持续时间不能超过10年。

### 2. 可行权期

可行权期主要考虑的因素是被激励对象的出资问题，如果被激励对象的出资能力较弱，企业就可以适当地延长可行权期，以便留出足够的时间让被激励对象进行筹资。

### 3. 服务期

为了能够更好地实现绑定人才的目标，企业在实施股权激励时，总会设计相应的服务期条款，其中通常要求被激励对象承诺可以服务企业更长

的时间。如果被激励对象在服务期内离职，企业就会对股份的回购设置一个很低的价格。

对一些上市企业来说，因为不存在退出价格上的差异，所以通常在股权激励的计划中不会设置统一的服务期条款，而是通过设置更长的禁售期等方式实现与被激励对象更长期的绑定。

# 第十章　股权激励授予方案落地的实战要领

本章主要介绍股权激励的实战内容，其中包括股权激励授予与行权条件的设定技巧、动态化股权激励制度的设计方法、如何利用期权池有效激励员工及优秀企业利用股权激励实现快速发展的经验与教训分析4个方面。

## 第一节　股权激励授予与行权条件的设定技巧

股权激励对企业来说是促进发展和进步的重要方式之一，股权激励有其独有的设定方式，本节主要介绍股权激励授予条件的设定方法与行权条件的设定技巧。

### 一、如何利用业绩考核实现授予条件与行权条件的确定

在成熟资本市场中，企业价值常常体现在企业股票价格的高低上。

目前，我国的证券市场还很不成熟、不稳定，股价波动频繁且幅度较大，常常会导致企业的真实价值与股票价格不一，大大削弱了股票期权与经营业绩的相关性，导致企业的股权激励效果不明显。

#### 1.业绩考核可参考的3个方面

在股价对企业价值不能充分表现、股价与企业业绩关联度不高的情况下，股权激励应当与业绩挂钩并重视业绩考核，才符合我国股权激励的国情。因此，如何利用业绩考核实现股权激励就成了每家企业首先考虑的事

情。一般而言，授予股权激励时的业绩考核主要可以参考3个方面，如图10-1所示。

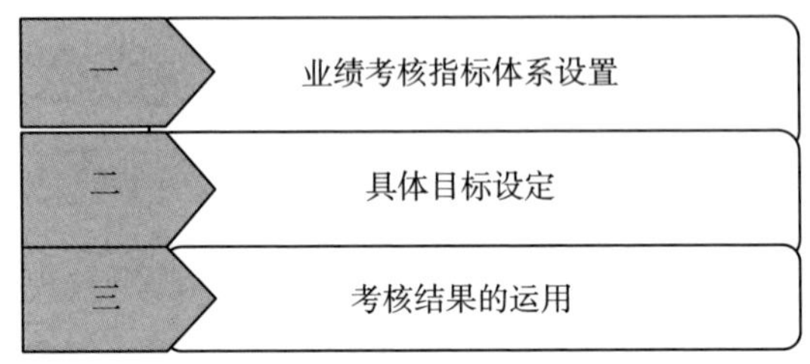


**图10-1　业绩考核可参考的3个方面**

（1）业绩考核指标体系设置。

业绩考核指标体系的设置包括经济增加值、净资产收益率、每股收益等内容，既能体现员工对企业价值的贡献，又能体现企业的盈利能力和市场价值。另外，对其他一些指标也应当予以重视，如主营业务收入增长率、净利润增长率、企业总市值增长率等。

（2）具体目标设定。

具体目标的设定是指对上市企业授予被激励对象股权时的业绩水平的要求，具体到应该指出业绩不得低于企业近年的平均业绩水平、同行业的平均业绩水平及被激励对象在行权时的业绩水平。除此之外，还可以考虑企业当前所处行业的周期性因素。相对而言，企业可以提高对被激励对象业绩水平的要求，使之不低于同行业的平均业绩水平。

（3）考核结果的运用。

考核结果对股权激励的设置具有十分重要的意义，因为想要完善企业的股权激励体系，使业绩考核更加标准化，就必须要将股权授予、行使及被激励对象业绩考核结果紧密结合，最后以业绩考核的结果为依据来决定不同的股权行使比例。

业绩考核是根据企业制定的《股权激励计划实施业绩考核办法》进行的，利用业绩考核方式进行企业股权的分配，可使激励效果最大化。除此之外，行权条件的确定对企业来说也十分重要。

行权条件是指被激励对象在获得股权之后需要满足的要求。行权条件主要落实为具体的要求和指标，通常也体现为业绩考核，即只有在被激励对象业绩考核为合格的情况下才能行权。

行权在企业层面上的条件主要体现在总量指标和财务指标上。例如，净利润增长率、净资产收益率等必须达到标准，而在被激励对象个人层面的条件则主要体现在考核结果是否合格。

例如，以某企业的行权条件设置标准为例，该公司要求股权激励方案的被激励对象在行权时必须满足下列条件：被激励对象行权的前一年度绩效考核必须为良好及以上；本年度净利润同比增长20%；被激励对象行权的上一个财报周期，扣除非经常性损益后的加权平均净资产收益率不得低于10%。满足上述要求被激励对象才被允许行权。

### 2. 5种常用的行权方式

如今，被激励对象常用的行权方式有5种，如图10–2所示。

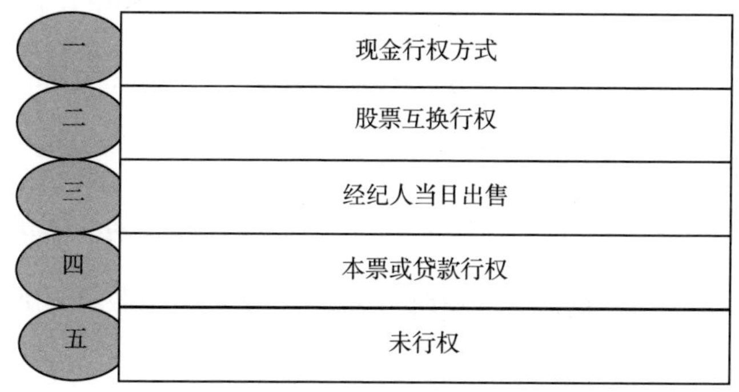


**图10–2　被激励对象5种常用的行权方式**

第一，现金行权方式。

现金行权方式是最常见的方式，即员工通过现金的方式行权，购入公司的股票。如果员工在行权的时候需要纳税，那么该员工就应该根据相关规定缴纳税款。不同的公司对行权价格及税费的管理也是不同的，但是大部分情况下都使用如下方式：要求员工向公司支付相关的行权价格及税费，既可以分别支付，也可以合并支付。但是如果使用这种方式，员工就应该拥有足够的现金才能实现。

在行权后，该员工就持有了公司的股票，这意味着需要与公司共同承担风险。实际上，这也是公司所希望的：员工也是公司的一分子，应该付出更大的努力，为公司创造更多的价值，进而使自己得到更多的收益。但是，他也需要承担股价下跌的风险，那么员工就会通过自身的努力，尽力避免这种风险的出现。总体来说，员工行权实际上就是在投资公司的股票，这种行为使员工能够与公司紧密连接在一起。

第二，股票互换行权。

股票互换行权就是用已有的股票交换期权股票，交换前需要确定两者之间的交换比例，并以行权价格与现行股价为依据。股票互换行权适用于公司的高层，这主要有两个方面的原因：一方面，公司的高层授予的股权数量通常较大，难以使用现金行权的方式；另一方面，大部分高层在公司持有一定数量的股票，能够用来进行交换。

需要注意的是，企业应该如何处理员工为了换取期权股票而交回的股票。对于交回的这部分股票，公司可以让代理人注销收回的股票凭证，或者将其转变为库存股，以备不时之需。无论通过什么样的方式处理交回的这部分股票，都会导致公司在外流通的股票数量减少。因此，部分公司会制定附载条款。

附载条款的内容为：公司员工在进行股票互换行权时，公司可以将收回的股票通过股票期权方式再授予员工，使该公司在外流通的股票数量不会发生变化。

第三，证券经纪人当日出售。

证券经纪人当日出售也是较为常见的行权方式之一，是指员工在行权并获得股票后，马上将这部分股票对外出售以获得资本收益。通常情况下，证券经纪人当日出售应该经过以下流程：首先，员工按行权价格购入公司的股票；其次，在获取公司的股票之后，员工马上要求证券经纪人将得到的股票尽数或部分出售，从而获取资本收益。

实际上，员工得到期权股票与证券经纪人售出股票是一起进行的。证券经纪人在得到员工的指示后会立刻将相应的期权股票出售，并用获取的收入支付相应的税费，然后将剩下的收益归还员工。

在这个过程中，证券经纪人主要发挥了两个作用：一是融券服务，二是融资服务。如果员工选择先将期权股票售出再行权，那么证券经纪人提供的就是第一种服务；如果是先行权，再将得到的股票售出，那么证券经纪人提供的就是第二种服务。实际上，这种方式是公司允许的，公司会做好相应的准备，提前挑选证券经纪人公司，并与证券经纪人公司签署委托协议，将公司一定份额的股票转入证券经纪人指定的账户中，这样有利于证券经纪人为员工提供融资服务。

第四，本票或贷款行权。

本票或贷款行权其实是企业帮助员工的一种行权方式。当员工的资金不足以行权时，公司就会提供一定的帮助。在这种情况下，员工可以通过本票或贷款的方式获取行权需要的资金，也是被公司允许的。公司在设计贷款行权的时候，一定要重点关注贷款利息的相关规定。通常情况下，最好不要确定很低的贷款利息，如果贷款利息较低，就会被当作对员工的额外优惠。在确定利息时可以参考一些标准，如外部的基准贷款利率等。

第五，未行权。

如果被激励的对象未能满足使用权力的条件，或者没能马上行使权力时，该如何处理呢？

一方面，如果公司业绩或者被激励对象没能达到行使权力的要求，那么这一阶段的股权激励标的要么被公司回购，要么被公司注销。

另一方面，如果被激励对象达到了行使这一权利的要求，公司业绩也符合使用这一权力的条件，但是因为被激励对象没能在行使权力期间使用该权力，那么没能行权的那部分股权激励标的也由公司注销或者回购。

## 二、整体业绩考核与个体业绩考核的差别

《上市公司股权激励管理办法》对绩效考核体系和考核指标都进行了明确的规定。从规定的角度出发，对市场上的多种创新案例进行借鉴分析，就可以了解在股权激励的条件中，整体业绩考核与个体业绩考核之间的区别。

### 1.整体业绩考核

整体业绩考核可以理解为中国证监会在股权激励绩效考核设置方面，要求上市企业应满足的条件。需要企业从整体出发着手考虑，相关法律规定如下：

（1）《上市公司股权激励管理办法》第十一条规定：

绩效考核指标应当包括公司业绩指标……。相关指标应当客观公开、清晰透明，符合公司的实际情况，有利于促进公司竞争力的提升。上市公司可以公司历史业绩或同行业可比公司相关指标作为公司业绩指标对照依据，公司选取的业绩指标可以包括净资产收益率、每股收益、每股分红等能够反映股东回报和公司价值创造的综合性指标，以及净利润增长率、主营业务收入增长率等能够反映公司盈利能力和市场价值的成长性指标。以同行业可比公司相关指标作为对照依据的，选取的对照公司不少于3家。……

（2）《股权激励有关事项备忘录1号》第五条“行权指标设定问题”规定：

公司设定的行权指标须考虑公司的业绩情况，原则上实行股权激励后的业绩指标（如：每股收益、加权净资产收益率和净利润增长率等）不低于历史水平。此外，鼓励公司同时采用下列指标：

（1）市值指标：如公司各考核期内的平均市值水平不低于同期市场综合指数或成份股指数；

（2）行业比较指标：如公司业绩指标不低于同行业平均水平。

（3）《股权激励有关事项备忘录2号》第四条“其他问题”第一款规定：

公司根据自身情况，可设定适合于本公司的绩效考核指标。绩效考核指标应包含财务指标和非财务指标。绩效考核指标如涉及会计利润，应采用按新会计准则计算、扣除非经常性损益后的净利润。同时，期权成本应在经常性损益中列支。

（4）《股权激励有关事项备忘录3号》[①]第三条“行权或解锁条件问题”规定：

> 上市公司股权激励计划应明确，股票期权等待期或限制性股票锁定期内，各年度归属于上市公司股东的净利润及归属于上市公司股东的扣除非经常性损益的净利润均不得低于授予日前最近三个会计年度的平均水平且不得为负。

参照上述规定，结合市场中的实际案例进行分析，我们不难发现许多上市企业都能严格执行上述规定。另外，不少企业还能根据自身情况有所创新，这些企业的案例也值得剖析。接下来，我们以“恒瑞医药”作为案例进行分析。

2020年7月，恒瑞医药推出2020年度限制性股票激励计划（草案）。业绩指标选取了“净利润增长率”，此处的净利润指“以经审计的不扣除股权激励当期成本摊销的归属于上市公司股东的扣除非经常性损益的净利润”。该指标有助于直接反映上市公司的盈利能力、成长能力、成本费用控制能力等。该计划要求：以2019年公司的净利润为基数，2020年、2021年、2022年各年度的净利润较2019年相比，增长率分别不低于20%、42%、67%；2020—2022年净利润的复合增长率为18.64%。

恒瑞医药设定的业绩指标综合考虑了公司的历史业绩、经营环境、行业状况，以及未来的发展规划等相关因素。对被激励对象而言，业绩目标

① 2008年9月16日，中国证监会上市公司监管部发布。

明确，同时具有一定的挑战性；对公司而言，业绩指标的设定能够促进被激励对象努力尽职工作，提高上市公司的业绩表现。指标设定不仅有助于公司提升竞争力，也有助于增加公司对行业内人才的吸引力，为公司核心队伍的建设起到积极的促进作用。同时，指标的设定兼顾了被激励对象、公司、股东三方的利益，对公司未来的经营发展将起到积极的促进作用。

总体而言，因为医药行业属于技术密集型行业，具有投资大、风险高和见效慢等特点，所以恒瑞医药的业绩考核要求相对较高。

**2.个体业绩考核**

《上市公司股权激励管理办法》第十条和第十一条对此都有相关规定：

> 第十条
>
> ……激励对象为董事、高级管理人员的，上市公司应当设立绩效考核指标作为激励对象行使权益的条件。
>
> 第十一条
>
> 绩效考核指标应当包括……激励对象个人绩效指标。……激励对象个人绩效指标由上市公司自行确定。……

下面以晨光文具为案例进行说明。

2020年4月，“晨光文具”推出2020年限制性股票激励计划（草案），其中涉及被激励对象个人层面的绩效考核要求如下：“在公司业绩目标达成的前提下，激励对象个人当期可以解锁的份额挂钩个人上一年度绩效考核结果。当期解锁份额=目标解锁数量 × 个人层面考核系数。个人层面考核系数依据以下情况确定：1. 个人年度绩效考核优秀，且达成挑战目标，则个人层面考核系数为1。2. 个人年度绩效考核合格，且挑战目标考核达到门槛值及以上，则根据分别的完成情况确定个人层面考核系数，对应系数区间为[0,1)。经考核，该批次无法解锁部分的限制性股票，由公司回购注销。3. 个人年度绩效考核不合格，且挑战目标考核未达成门槛值要求，则个人层面考核系数为0，该批次限制性股票目标解锁数量均无法解锁，由公司回购注销。本激励计划相关考核依据《公司考核管理办法》执行。”

从晨光文具的股权激励计划表述中，可以发现其考核指标分为两个层次，分别为公司层面业绩考核、个人层面绩效考核。只有通过上述2个层面的考核，被激励对象才可以解锁当期的限制性股票。

通过对上述两个案例的分析不难看出，在企业中整体业绩的考核和个体业绩的考核存在很大的差别。对企业而言，需要进行合理规划，制定出适合企业自身的股权激励方案。

## 第二节　动态化股权激励制度的设计方法

股权激励制度需要随着企业的发展不断变化，只有不断完善的制度才能与发展中的企业相辅相成。本节主要介绍动态股权激励制度的设计方法。

### 一、构建动态化股权激励制度4步走

众所周知，企业是一个不断发展的“个体”，因此股权激励制度的建立不能一成不变；相反，股权激励制度应当随着企业的不断发展而不断修复完善。所以，企业在创建股权激励制度时需要考虑动态化的因素，为企业量身打造出适合企业发展的动态化股权激励制度。

历年来，股权激励都是一种备受推崇的激励方式在各个企业中盛行，该制度也的确为企业的发展做出了巨大的贡献。但从市场数据来看，企业的发展却是良莠不齐，其中很大一部分原因就是股权激励制度的构建不完善。该情形会导致很多严重的后果，有时甚至会导致企业倒闭。

那么，如何构建动态化的股权激励制度？本书建议按照4个步骤进行，如图10–3所示。

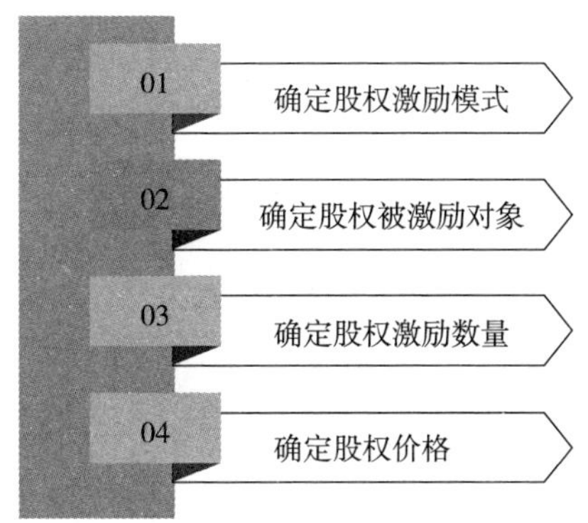


**图10–3　构建动态化股权激励制度4步走**

### 1.确定股权激励模式

股权激励的模式通常有3种：实股、虚拟股、“实股+虚拟股”（即期股和期权）。

通常而言，股权激励模式的“终点”是实股，但实股并不是要一步到位，可以根据公司的实际情况选择合适的路径。例如，可以先授予虚拟股，制定出合理的附加条件后再转成实股，或者也可以用期股转实股。

要认清各种模式的优点和缺点，确保每种模式都留有余地，保有动态变化的机会，当然最重要的是要参照企业自身的实际情况。

### 2.确定股权激励对象

股权激励中的重点问题在于确定被激励对象，这同时也是难点问题。

企业在决定人选时，应该从以下两个方面考虑：

一是价值观，即被激励对象是否拥有和企业相同的价值观，只有拥有相同价值观才能与企业共同成长；如果与企业的价值观相悖，甚至只想投机倒把，则不适合作为股权激励的对象。

二是贡献度，即预估被激励对象能为企业创造多大的价值。

总体来看，选择对象其实就是对一个人合理的评价。评价的合理性往往取决于评价的方法，评价的正确性则必须通过时间来检验。在一开始就设计出完美无瑕的机制是不现实的。因此，机制的形式应该是动态的，这样方便在一定时间内不断地调整、不断地优化、不断地修正。

股权激励制度的动态设计，就是要明确地指出哪些情况会使股东身份、股权数量、分红收益受到影响，然后通过长期不断地动态调整，达到真正筛选出优秀人才的目的。

**3.确定股权激励数量**

企业股权激励计划需要拿出多少股权数量，需要从以下3个方面进行考虑。

首先，确保企业分出去的股权不会影响大股东对企业的控制。企业需要根据大股东的“偏好”，来确定用于激励的股权数量，既要考虑当时的股权激励，又要考虑后续的增资扩股、引进风投、上市等各种情况对股权造成的稀释。

其次，计划激励的人数、现在的人数以及未来的人数。这关系到企业未来的战略发展规划。对企业来说，目前计划激励的人数比较容易确定，但是未来的人数则需要认真测算。可以根据企业的发展战略规划出未来的组织架构图，预测岗位编制，再根据岗位编制圈出符合标准的被激励对象，以确定未来的人数。

最后，每位员工个人股权激励的数量。对企业来说，员工个人的激励数量也很重要，激励不足与激励过度都可能导致公司发展停滞不前。一般而言，企业应拿出多少股权需要进行外部、内部、纵向、横向等诸多方面比较。例如，与同行比较、与现有薪酬比较、与历史薪酬比较及与其他岗位比较。

**4.确定股权价格**

股权的定价是让很多企业十分纠结的问题，其中最大的问题是该选择赠送股权还是让员工购买股权。从本质上讲，股权就是一种稀缺资源，是一种具有资本价值、带有金融属性的稀缺资源。如果要做股权激励，就一定要珍惜股权的价值，不能赠送，而是要待价而沽。

股票初始的价格并不重要，重要的是未来的增值。假定投资回报率是以净资产定价法、市盈率法或现金流折现法作为参考，则最终确定一个初始价格即可。需要注意的是，该初始价格未必一定要反映出企业的真实价值，只要能帮助企业达到股权激励的目的即可。

企业的动态股权激励计划按照上述4个步骤进行，基本可以构建出一份适合自身且能够促进企业发展的方案。

## 二、被激励员工负面退出与非负面退出的条件设定

企业在执行股权激励的过程中，难免会遇到员工退出的情况。在面对员工退出时，不同的情况要有不同的对待方式。例如，对于员工负面退出和非负面退出，就有着截然不同的限定条件。

**1.负面退出**

负面退出又称为“过错性退出”，是指员工因自身过错导致被要求退

出激励名单。这种退出方式的触发条件可以归纳为5种，包括违法、严重违反企业规章、给企业造成严重损害、在特别约定的股权锁定期内离职及擅自处分激励股权或期权。

出现此种退出情形时，企业的处理办法带有惩罚性质，如果给企业造成损失，则需要对企业进行赔偿。

**2.非负面退出**

非负面退出又称为“非过错性退出”，是指员工的退出未给企业造成负面损失，即非员工自身过错产生的退出。该类型退出方式的触发条件也归纳为5种，包括工作表现不能达到预期目标、未在行权期内行权、在特别约定的股权锁定期之后离职、到达法定退休年龄、死亡或失踪等。

对于此种退出情形，企业一般的处理办法是与员工提前进行约定，该类约定有通用形式，常见的约定内容如下：

一、职务变更

（1）被激励对象因触犯法律、违反职业道德、泄露公司机密、失职或渎职等行为严重损害公司利益或声誉而导致的职务变更，经公司董事会批准，取消其激励资格，由普通合伙人回购被激励对象已被授予且实际出资购买的股份。回购价格为被激励对象实际出资购买的价格。

（2）若被激励对象成为独立董事或法律、法规规定的其他不能持有公司股份的人员，经公司董事会批准，取消其激励资格，已解锁或行权的股份（持股平台的出资额）不做变更，未行权或未解锁的股份不再行权解锁。已出资的未解锁的股份，由普通合伙人按照被激励对象实际出资购买的价格进行回购。

（3）被激励对象职务发生变更，但仍为公司的核心技术（业务）人员，或者被委派到公司的控股、参股企业任职的，则已获授的持股平台合伙份额不作变更，未行权或未解锁的股份由公司董事会决定其处置方式。

二、辞职、解聘或开除

被激励对象主动辞职，协商与公司解除劳动合同的，因触犯法律、违反职业道德、泄露公司商业秘密、失职或者渎职等严重损害公司利益或声誉、严重违反公司纪律而被公司辞退或者开除的，经公司董事会批准，取消其激励资格。未行权的激励股份不再行权，未解锁的或尚在锁定期、禁售期内的激励股份由普通合伙人按照其实际出资价格回购。

已行权和解锁且经过禁售期的激励股份，由被激励对象按照本计划规定的方式转让或兑现。

如果三个月内未能转让或兑现完毕的，被激励对象主动辞职或协商与公司解除劳动合同的，由普通合伙人按照被激励对象获得对应股份的上一年度净资产价格或实际购买的价格加上从实际购买之日起至转让之日的同期银行贷款利息价高者回购。因其他原因被公司辞退或者开除的，由普通合伙人按照被激励对象获得对应股份的实际出资价格回购。

如因上述行为造成公司经济损失的，被激励对象应赔偿公司的实际损失，并在回购价款中予以扣除。

三、丧失工作能力

被激励对象因执行职务负伤、疾病、残疾或者死亡等丧失劳动能力无法为公司继续工作的，经公司董事会批准，取消其激励资格。

未行权的激励股份不再行权，未解锁的或尚在锁定期、禁售期内的激励股份由普通合伙人按照其实际出资价格加上银行同期贷款利息回购。已行权和解锁且经过禁售期的激励股份，由被激励对象或其法定代理人按照本计划规定的方式转让或兑现。

如果三个月内未能转让或兑现完毕的，由普通合伙人按照被激励对象获得对应股份的上一年度净资产价格或实际购买的价格加上从实际购买之日起至转让之日的同期银行贷款利息价高者回购，普通合伙人可以选择一次性回购，也可以选择分三年回购。

因工致残但未丧失劳动能力的，公司董事会可根据具体情况，另行决定激励股份的处置办法。

四、退休

被激励对象满60周岁（如遇国家退休年龄调整则按调整后的年龄确定），在公司工作满十五年，可以申请退休。被激励对象可以选择保留激励股份享受收益，或者按照本计划规定的转让、兑现方式进行转让或兑现。

五、死亡

被激励对象死亡的（含退休后死亡），经公司董事会批准，取消其激励资格。

未行权的激励股份不再行权，未解锁的或尚在锁定期、禁售期内的激励股份由普通合伙人按照其实际出资价格回购。已行权和解锁且经过禁售期的激励股份，其继承人按照本计划规定的方式转让或兑现。

如果三个月内未能转让或兑现完毕的，由普通合伙人按照被激励对象获得对应股份的上一年度净资产价格或实际购买的价格加上从实际购买之日起至转让之日的同期银行贷款利息价高者回购，普通合伙人可以选择一次性回购，也可以选择分三年回购。被激励股份不得继承。回购款及转让、兑现价款可由被激励对象的继承人继承。

六、离婚

如被激励对象离婚的，则离婚时被激励对象已获得公司股份（持股平台的出资份额）或未行权、未解锁部分的股份，不得作为共同财产分配给配偶，被激励对象应自行出资解决对配偶的补偿问题。

如无法解决，则应属配偶部分的股份或其权益，由普通合伙人回购，回购的价格为被激励对象实际出资购买该部分股份（持股平台的出资份额）的价格，并按照被激励对象的指定或有关机关的通知，交付给被激励对象的配偶。

## 第三节　如何利用期权池有效激励员工

期权是一个十分有效的激励工具，当今社会的企业发展离不开期权。尤其对于初创阶段的企业来说，可能面临资金不足、发展前景不够明晰等问题，通常无法给予员工很高的工资；但是期权可以有效地激励与留下员工，因此设置期权池对企业来说具有重要意义。本节主要讲述企业如何设置期权池。

## 一、企业设置期权池的3种常见模式与选择技巧

通常而言，企业设置期权池有3种常见模式，分别是特定人（通常是创始人）代持模式、设立有限合伙企业代持模式、设立有限责任公司代持模式。

数据显示，企业多数会采用创始人代持或设立有限合伙企业代持的模式。下面重点介绍设立有限合伙企业代持的模式。

首先，与创始人代持模式相比，设立有限合伙企业代持的模式不会造成创始人后期股权比例的变动和企业股权结构的变动。

在目前的股权激励协议中，通常不对被激励对象的股东身份进行工商登记，但如果企业发展良好并且在一定时间内有上市的需求或者被收购的可能，那么根据相关法规或投资方的要求，通常需要对被激励对象进行披露并登记，这时企业创始人的股权比例和企业的股权结构可能就会发生变动。

需要注意的是，股权激励计划需要在创始人的股权处于正常状态下执行，如果其股权出现被查封或者冻结的情况，股权激励计划是无法执行的。

其次，与设立有限责任公司代持模式相比，设立有限合伙企业代持的模式在税收上就有很大的差别。例如，分红的时候，有限合伙企业通常只需要自然人、合伙人缴纳个人所得税即可；而采用有限责任公司的形式，则需要有限责任公司就利润缴纳企业所得税并且提取法定公积金，甚至当股东就企业盈余部分进行分红时，自然人股东还需要缴纳个人所得税。

除此之外，有限合伙企业中的普通合伙人对于合伙事务有执行的必要。所以，有限合伙企业作为企业的股东，在参与企业决策时，仅需要普通合伙人执行即可。

但在有限责任公司中，大多数决策都需要在所有股东参与的情况下做出决定，并且共同出具决议等相关文件。此过程可能相对复杂，有时候也可能会阻碍其他决策的进行。

如上所述，企业设置期权池的时候，可以选择设立有限合伙企业代持的模式。因为这种模式相较于其他两种模式有较多的优点，这些优点往往会对企业的发展起到决定性作用。

此外，企业在设置期权池的时候，还有一点需要注意，即如何确定期权池的规模。

大数据的实践表明，企业期权池的规模通常为企业全部股权的10%~20%。一般来说，确定期权池的规模需要参考的因素主要有以下两种：

第一，投资人的要求。通常来说，关于期权池的规模和具体激励方式，投资人会对企业提出自己的建议与要求，而且普遍会要求在他们进入企业之前设立期权池。

第二，基于企业自身的需求而定。例如，如果核心团队完整且稳定，那么期权池的规模便可以小一些；相反，如果核心团队自身实力不够硬，后续还有极大的可能要引进新的核心成员，那么期权池的规模自然就要大一些。

对企业而言，期权池的设置是其发展过程中极为重要的事项，每家企业都应当慎重对待。

## 二、企业期权池的设置与落地实操

在企业设置期权池的3种常见模式中，如果选择创始人代持的模式，就需要企业召开股东大会并且获得同意后办理工商变更登记。但是这样一来，在股东逐渐增多的情况下，企业决策效率将有所下降。不仅如此，如果有受到激励的员工离职，企业便需要再次进行工商变更登记；如果受到激励的员工离职却不进行变更登记，那么企业想要引进新股东便会受阻，甚至会影响企业的融资计划。针对这种现象，企业应该如何解决？

综合而论，期权池最佳的设置方式便是有限合伙企业代持，这也是目前初创企业普遍采取的方式。有限合伙企业发展时间不长，相较于另外两种方式还比较新颖。主体企业设立的有限合伙企业的合伙人分为两种类型，即普通合伙人与有限合伙人。普通合伙人主要是执行工作任务的管理层或企业员工；而有限合伙人则是投资者，并不会参与有限合伙企业的具体管理工作中。

了解了有限合伙企业代持模式的基本情况，下面将详细介绍其正确打开方式，也就是企业如何进行操作。

创业团队通常都会将自己的主体企业注册为有限责任公司，股东可能只有创始人一位，也有可能是创业团队的主力。当企业业务逐步走向正轨时，员工数量也会不断增加，设置期权池此时便迫在眉睫。

此时的主体企业便开始注册有限合伙企业，在此我们将第一家有限合伙企业称为“A企业”。一般情况下，A企业的普通合伙人都是由主体企业的实际控制者（创始人、法人）担任，承担无限连带责任。但是在这种情况下设立的有限责任公司很少会进行业务操作，因此存在的风险较低。

当然，如果主体企业想要通过A企业开展业务也是可以的，则主体企业需要再次注册一家有限合伙企业，也就是B企业，并且让B企业成为A企业的普通合伙人，就可以展开对外投资等业务。这种做法能够在一定程度上规避由A企业展开业务所带来的风险，有利于主体企业整体的发展。

而有限合伙企业至少要有一个有限合伙人，如果此时企业员工尚未兑现期权，则可以与合伙人协商，让其转让部分股权给A企业并成为有限合伙人。等到有员工兑现期权之时，企业便可将股权转让过去。

接下来企业需要考虑的便是将A企业入股到主体企业中，从而获取主体企业的股票。一般情况下，A企业都是通过增资与股权转让两种方式入股。

增资主要指增加企业的注册资本，也就是通过融资的方式由外来投资者入股到企业中，并且获得相应比例的股权。但是在更多情况下，有限合伙企业都是通过股权转让的方式入股，也就是由主体企业的股东转让部分股权到A企业中。

以上操作方式便是有限合伙企业持有期权的具体方法，一个简单的持股平台也可以通过这种方式搭建而成。企业想要继续扩张这一持股方式，可循环往复进行操作。下面将通过讲述有限合伙企业持有期权的优势，让读者了解这种持股方式的魅力。

### 1.税收与控制权优势

法律规定有限合伙企业无须缴纳企业所得税，只面向企业成员要求缴纳个人所得税，相较于有限责任公司，则减少了一道税收。

### 2.可设置境外“AB股”双重股权结构

事实上，企业设置AB股也是有一定道理的。不少企业创始人因为股权设置不当，导致大权旁落，最后吃了大亏，如乔布斯便经历过这样的事情。乔布斯早在1985年就被苹果公司表决过，表决结果是将其罢免。乔布斯这次被罢免的主要原因是缺乏足够的投票权，以至于无法维护自身利益。因此，创始人应吸取教训，在不损害股东利益的情况下，提前设置

AB股制度。

刘强东将京东股权设置为双重股权结构，以1∶20的投票权比例拥有了绝对的话语权，从而有效控制企业的发展及维护自身利益。

在现实生活中，双重股权结构优势明显。首先，能够保证创始人、创始团队对企业绝对的控制权；其次，能避免股东对重大决策的干扰，有效提高决策效率，最重要的是可以有效防范恶意收购。

虽然可以把有限合伙企业代持作为企业设置期权池的首选模式，但并非一概而论。设置期权池需要综合考量许多细节，尤其是合伙协议中拟定的条款内容、税费支出等，这些都需要企业结合专业人士的意见，从而选择最适合自己的方式。

下面以某公司为例，阐述期权池设置的实操过程。

假设甲公司是一家初创企业，创始人为张三，企业初始估值为700万元。甲公司为了让企业更快地发展，决定进行融资，并且获得资金200万元。在注入资金时，风投机构在增资协议中表示，甲公司需拿出稀释后10%的股权用来激励企业的核心团队。

事后，甲公司的股权结构变成张三持股70%、投资机构持股20%、员工持股10%。后来，甲公司初创团队及其股东决定设置期权池以实施股权激励。因为期权池仅仅作为持股平台而存在，不需要开展生产经营活动，所以经营范围不受限制。

设置该期权池时，甲公司面临3个问题：一是由谁出资设置？二是期权池通过什么样的方式才能成为甲公司的股东？三是期权池的注册资金、增资问题应当如何解决？

为解决上述问题，甲公司采取了如下举措：

首先，张三向甲企业借款10万元，并且将这部分资金用来注册期权池企业；其次，张三与甲企业签署协议，明确张三的代持身份；最后，甲企业借款100万元给期权池平台，该平台用这笔资金为甲企业增资成为股东，并且持有甲企业10%的股份。

在此过程中，甲企业的债权产生了变化：一是张三向甲企业借款10万元，这笔资金将由张三将股权转让员工时归还；二是甲企业借款100万元给期权池平台，等到甲企业分红时，通过扣除期权池平台分红收回借款。在该案例中，甲企业的期权池由张三和风投机构联合建立，形成新的期权池企业，便于后续对员工实行股权激励。

## 第四节　优秀企业利用股权激励实现快速发展的经验与教训分析

股权激励是各家企业引进优秀人才的有效手段，同时也是留住优秀员工的"金手铐"，合理运用股权激励有利于帮助企业提升员工的忠诚度。尤其对于互联网企业而言，股权激励还可以作为其上市的助推器。同样是股权激励，不同的企业有不同的做法，因此下面以案例的形式分析不同企业的股权激励模式，以供参考。

### 一、【案例】小米高速发展过程中的股权激励制度

"小米"的商业帝国已经形成一个较为完整的闭环，其中有83家生态链企业的股权是雷军通过天津金米投资合伙企业（有限合伙）进行把控的。另外，天津众米企业管理合伙企业（有限合伙）则是用来进行股权激励的平台。

雷军表示："小米公司要和员工一起分享利益，尽可能多地分享利益。小米公司刚成立的时候，就推行了全员持股、全员投资的计划。小米最初的56个员工，自掏腰包总共投资了1100万美元。"这也是雷军一开始信奉的理念。

雷军提到的"1100万美元"是指在进行A轮融资前便已经开始的员工股权激励。也就是说，雷军从一开始便认真进行股权设计。

此次股权激励是小米在进行A轮融资前进行的，虽然额度不大，但是后续盈利空间较大，因此员工们踊跃参与。

与许多创业企业相比，小米的股权设计方案更为稳妥可靠。在现实生活中，有许多企业在还没有任何起步迹象的情况下，就纷纷承诺员工会授予其期权。但是，如果在没有诚意的情况下进行承诺，员工是不会受到激励的。

此外，小米的股权激励设计从一开始便为员工提供了可选择的报酬模式：选择和跨国公司一样的报酬（选择该选项的人数比例为10%）；选择获得2/3的报酬+股权（选择该选项的人数比例为80%）；选择获得1/3的报酬+股权（选择该选项的人数比例为10%）。

事实上，从创业之初小米便已经着手安排"全员持股"，并且朝着这一方向不断前进。雷军表示："我们给了足够的回报，一是在工资上我们是主流；二是在期权上真的有很大的上升空间，而且每年我们公司还有一些内部回购。"

小米公司在企业创立之初就实施了股权激励计划，后来又借助专业法律人士的协助得以进一步完善，使该企业的股权激励计划变得更加科学，执行力更强。有效增强了员工对小米的归属感与认同感，极大地促进了企业的发展。

小米公司于2018年向香港联合交易所提出上市申请。相关资料显示，小米公司的股权激励有3种模式，分别是购股权、受限制股份奖励、受限制股份单位。

（1）购股权。小米企业的购股权是指企业给予被激励对象在一定期限内以事先约定的价格购买企业股份的权利，这相当于期权。

（2）受限制股份奖励。简单来说，受限制股份奖励与A股的限制性股票激励模式相似，就是通过无偿或者按照约定的价格为被激励对象提供一定比例的股份，使其成为股东。但这些股份在权利上会受到一定的限制，如不能抵押、不能转让等。

（3）受限制股份单位。类似于虚拟股，即企业授予被激励对象一定数额的股份单位。

小米的股权激励计划充分体现了股权激励应当动态调整的原则，而且也秉持了持续激励的原则。

## 二、【案例】蘑菇街赴美上市后25倍稀释员工股权所引发的风波

2018年，电商平台"蘑菇街"成功在纽约证券交易所挂牌上市。蘑菇街成立于2011年，由浙江大学毕业的陈琪及其同学魏一搏共同创立。在发展之初，蘑菇街的定位是消费分享社区，直到2012年才发展为导购平台，主要盈利方式是帮助电商导流进而赚取佣金。2013—2014年，蘑菇街的发展可谓如日中天，日浏览量过亿次，一时之间风光无限。也正是在这个阶段，因为市场竞争等原因，蘑菇街受到致命一击，随后进入长时间的转型时期。

直到2017年，微信小程序上线，蘑菇街再次获得投资者的青睐，然而这并不能从根本上改变蘑菇街的状况。在此时，急需“一次大充血才能续命”的蘑菇街选择了上市。要知道，上市不仅能为企业带来现金流，同时还可以提升知名度。但是，蘑菇街在转型期间处于长期亏损状态，为了达到上市标准，只能做出一系列的“妥协”。

蘑菇街成功上市之后却风波不断，甚至可以说是处于舆论的风口浪尖上，因此不被大众接受。在上市当天，蘑菇街的收盘股价差点破发。

不久之后便有媒体对蘑菇街的运行状况进行报道，称蘑菇街多位高层突然离职。随后有员工表示，这主要由于蘑菇街对老员工的股权稀释高达25倍。

这一数字表明与蘑菇街并肩作战多年的老员工所持期权的回报少得令人难以置信，甚至不如一些企业普通员工的年终奖。蘑菇街这一行为无疑让老员工感到失望，大众也会因此对蘑菇街产生不良印象，认为其是一家没有“温度”的企业。

该事件让蘑菇街很多员工的财富自由梦彻底破灭。因此很多员工十分不满，认为公司擅作主张并隐瞒股权稀释的情况。

事实是蘑菇街资金流转不足，只好寻求外界投资而“流血”上市，这才让员工的股权不断被稀释。但无论如何，这样的股权激励会让员工心生不满，导致企业发展受阻。

其实，这也是在提醒创业企业应当重视企业信息的透明度，不该对员工隐瞒如此大的事情，企业有责任告知员工股权会被稀释的情况，由员工自己决定是去是留。

# 附 录

## 附录A 获得索尼、腾讯、阿里三大巨头投资的bilibili

2020年4月9日，“bilibili”宣布获得索尼4亿美元的战略投资，持股约4.98%。bilibili与索尼的合作由来已久，此次索尼的注资将会进一步加深二者在动画和移动游戏领域的合作。2019年2月，阿里巴巴向美国证券交易委员会提交报告。报告内容显示，其将通过淘宝中国入股bilibili，并持有大约8%的股份。而在阿里巴巴之前，腾讯也认购了bilibili的股份持有bilibili约12%的股份。当然，阿里巴巴和腾讯的持股比例随着索尼的进场而发生了变化。

随着索尼的入驻，bilibili成为同时获得索尼、腾讯、阿里三大巨头资本支撑的互联网企业，用“左右逢源”来形容一点也不为过。在我国鲜有企业能有这么大的“排面”，那么bilibili是如何做到的？

bilibili由徐逸创立于2009年6月，创立之初名为“Mikufans”，2010年1月才正式命名为“bilibili”，而大众常听到的“B站”则是其简称。

除了徐逸外，bilibili还有两位联合创始人：陈睿和李旎。其中，陈睿也是“猎豹移动”的联合创始人，并且曾在“金山软件”中身居要职。陈睿一开始便想投资bilibili，但是徐逸拒绝了其投资意向，理由是担心“钱投进来亏了”。事实上，徐逸的担心不无道理，当时bilibili只是一个个人网站，用户数量不多，没有任何能够体现其发展潜力的内容。但是，2011年bilibili用户数量突然大幅增加，徐逸需要购买新的服务器才能支撑如此大的用户量，因此接受了陈睿的投资，这笔资金也是bilibili的天使投资。与此同时，陈睿还任职bilibili的业务顾问，bilibili的商业运营之路就此开启。

虽然陈睿是bilibili的天使投资人，但是在随后的两年中，bilibili的股东列表中并没有出现陈睿的名字。直到2014年，猎豹移动上市，陈睿在年底离开猎豹移动并且全职加入bilibili。他现在仍然担任bilibili的董事长兼首席执行官。徐逸从2013年底就开始担任董事兼总裁。

2014年，李旎加入bilibili并开始担任首席运营官的职位。两个多月后，李旎成为bilibili董事会副主席，负责平台运营、商业合作、投资等一系列重要事项。

李旎大学时学习的是法律专业，大学毕业后开办了一家为科技企业提供企业管理、人力资源等业务服务的咨询公司，做得非常出色，也因此获得了许多互联网领域中的优秀企业家的认可。例如，雷军曾邀请李旎成为自己麾下的一员，但李旎当时认为自己资历还不够，而且自己创业的自主权更大，所以没有接受雷军的邀请。与雷军一样，猎豹移动CEO傅盛也看中了李旎的才能，并且邀请其到猎豹移动任职。与雷军不同的是，傅盛无论是在资金还是时间管理上，都开出了更有诚意的条件，进而打动了李旎。所以在毕业4年后，李旎入职猎豹移动，主要负责人力资源运营，同时也是当时互联网企业中最年轻的人力高管。

陈睿在加入bilibili时，还不知道bilibili能发展到什么地步，因此他没有承诺李旎过多的物质激励，而是表示李旎通过加入bilibili，或许可以收获更多快乐。随着陈睿和李旎的加入，bilibili的运营开始走向公司化，并且逐步探索出属于自己的商业模式。

在不断探索过程中，bilibili形成了“弹幕”文化，并且成为其最大特色之一，也因此吸引了许多用户入驻，尤其受到年轻用户的喜爱。2018年3月28日，bilibili在美国纳斯达克上市，发行价为11.5美元，共融资6亿美元。

双重股权结构已经成为许多企业为了巩固控制权而采用的股权结构，bilibili也不例外。但大多数企业采取的是“A股”和“B股”两种代称，而bilibili独树一帜，采用的是“Z股”和“Y股”的代称。其中，1股Y股能够拥有10票表决权，Z股则是1票，同时在任何情况下，Z股都不能转换为Y股。根据bilibili上市时提交的招股说明书的内容，其当时的股权结构如附表A1所示。

**附表A1　bilibili上市时的股权结构**

| 持有者 | 持股（%） | 类型 | 投票权（%） |
|---|---|---|---|
| 徐逸 | 11.1 | Y股 | 29.5 |
| 陈睿 | 18.3 | Z股和Y股 | 45.5 |
| 李旎 | 3.1 | Z股和Y股 | 7 |
| 华人文化（CMC） | 10.8 | Z股 | 2.9 |
| 正心谷创新资本 | 7.7 | Z股 | 2.0 |
| IDG | 6.5 | Z股 | 1.7 |
| 联想 | 5.0 | Z股 | 1.3 |
| 腾讯 | 4.4 | Z股 | 1.2 |
| 启明创投 | 4.1 | Z股 | 1.1 |
| 其他投资人 | 未披露 | Z股 | 未披露 |

在获得巨头的投资方面，bilibili的设定非常有技巧。众所周知，阿里投资的企业，大多数情况下发展到最后都成了“阿里系”，因此一般来说不

会在其投资后再允许其他巨头入驻。而腾讯则不同，腾讯曾表示友商的入驻有助于抬高被投企业的估值，因此他们并不反对其他巨头的入驻。所以，bilibili是在获得腾讯的投资后再与阿里形成合作，这样一来，后续巨头的进入相对来说会更顺利。当然，更为重要的原因还是由于bilibili的双重股权结构。

由附表A1可知，徐逸、陈睿、李旎3人共持股32.5%，但是拥有的投票权却高达82%，bilibili大大小小的事项都由他们决定，“铁三角”的控制权暂时无人可撼动。而索尼能够顺利注资，与bilibili的股权架构设置也有一定联系。值得一提的是，许多企业都是在上市后才开始搭建双重股权结构，由此反映出bilibili的创始团队具有很强的股权控制意识。

当然，要想获得上述三大巨头的投资，前提是让巨头们有投资的意愿。bilibili发布的2020年第二季度财务报告显示，bilibili在2020年第二季度的游戏业务收入达到12.5亿元，同比增长36%。而腾讯的重点业务之一正是游戏，因此二者形成了战略级合作。另外，2020年第二季度，bilibili的社区月均活跃用户达到1.72亿，而用户是阿里当前非常需要的，因此二者的合作也算各取所需。索尼作为一家综合性跨国集团，动画、音乐、游戏等都是可以与bilibili重点合作的领域。由此可见，bilibili与三大巨头的业务契合度相对较高，也是其获得投资的一大重要原因。

基于索尼、腾讯、阿里三大巨头的支撑，bilibili在各类业务合作的加持下，未来网站的内容必然更加丰富和多样化，而在市场拓展方面也将会更加顺畅。

# 附录B　字节跳动拟IPO，估值1000亿美元背后的信息

2020年3月，“老虎环球基金”（Tiger Global Management）在向投资者披露重要信息的信件中表示，在之前的21个月，老虎环球基金已经入股了“字节跳动”，而且入股价较低。据报道，老虎环球基金最初入股时对字节跳动的估值为350亿美元，之后还在二手市场中不断搜集购买字节跳动的股份，进而获得更多的股份。

对于上述消息，境外媒体公布了更多细节，并指出字节跳动的股权在二手市场的交易较为活络，估值价已经达900亿~1000亿美元。也就是说，在这21个月中，老虎环球基金在字节跳动的投资从最初的350亿美元增长到当前的900亿~1000亿，收益已经翻倍。

2020年上半年，新冠肺炎疫情暴发，全球经济受到冲击，然而字节跳动却在这样的经济形势下逆流而上，自然也成为投资圈关注的重点。据悉，在疫情期间抖音短视频的海外版本——TikTok下载量达到新高。与此同时，其旗下的在线办公产品——Lark也成为不少企业的首选，下载量呈增长趋势。

成立于2012年的字节跳动发展至今已经成为一个庞然大物，其旗下产品遍布全球，并且知名度都比较高。

**字节跳动估值上涨**

在老虎环球基金披露已经入股字节跳动之前，字节跳动上一笔公开的融资是在2018年。2018年9月，圈内盛传字节跳动获得了30亿美元融资，投资方包括软银愿景基金、KKR、春华资本等。直到11月，软银愿景基

金承认自己确实投资了字节跳动，但是没有公布投资金额。在此之后，字节跳动估值迅速上涨到750亿美元。

近年来，字节跳动的一举一动都备受关注。2019年4月，字节跳动员工绩效与年终奖确定下来，随后便发布消息开启大范围期权换购，也就是将年终奖兑换为期权。老员工购入每份期权的价格是44美元，新员工则是60美元，与二者相对应的估值分别是660亿美元与900亿美元。虽然字节跳动的最终估值没有确定，但不可否认的是，字节跳动具备很强的生命力，其未来发展值得期待。

**字节跳动如何撑起1000亿美元的估值**

在疫情期间，字节跳动的增长势头令人赞叹，尤其是TikTok在全球发展的速度令人咋舌。截至2020年3月底，TikTok全球总下载量近20亿次；而在2020年2月，TikTok下载量达到1.13亿次，创下最高纪录，同时获得了5000多万美元的应用内收入。TikTok在全球的用户数量正在迅猛增长。

软银愿景基金之所以入股字节跳动，正是因为看好TikTok的发展；与之相同的是，老虎环球基金入股字节跳动的直接原因也是TikTok在全球范围内的快速发展。这些国际投资巨头都看好短视频在全球的发展前景，因此投资TikTok这一短视频平台的领先者，明显有助于其获得预期的投资回报。由此可见，字节跳动的估值与TikTok的发展息息相关。在字节跳动实现全球化目标的过程中，TikTok所起到的作用是不可替代的。

2020年3月，字节跳动对组织架构进行了调整，其国内业务将交由张利东和张楠进行管理，创始人张一鸣将任职全球董事长。这意味着字节跳动的发展聚焦全球化、多元化。由此可见，字节跳动的业务重心不再局限于国内，而是正在逐步调整为全球化的互联网企业。

当然，这并不代表字节跳动不再注重国内业务。在国内，字节跳动持续出击，并且取得了不错的成绩。其中，最为明显的是抖音的发展，在抢占用户时间方面开启全方位布局。《2019抖音数据报告》显示，截至2020年1月5日，抖音日活跃用户数达到4亿人以上。另外，2020年4月，罗永浩在抖音开启电商直播首秀。因其自身的影响力造成一时轰动，累计观看人数达到4000万人次以上，让抖音电商为更多人所熟知。罗永浩首秀就取得了优良的成绩：销售额超过1.1亿元。

罗永浩在抖音开启电商直播首秀之前，字节跳动还完成了一次成功的营销。受疫情影响，多部电影无法如期在影院上线。字节跳动花费6.3亿元买下《囧妈》的版权，并且在旗下的抖音、西瓜视频、今日头条联合免费上映该电影。通过这一举动，字节跳动旗下产品下载量大幅增加，与此同时还收获了良好的口碑。更为重要的是，字节跳动由此正式进军长视频和电影娱乐领域，一切看起来都顺理成章。

但是，字节跳动的快速发展，其实不异于“虎口夺食”。从当前情况来看，字节跳动与腾讯之间暗流涌动，竞争趋势越来越明显。字节跳动从一开始对游戏公司进行投资、收购，发展到现在已经开始自研游戏，在未来或许能发展到与腾讯在游戏领域相抗衡的水平。另外，飞书及其海外版Lark虽然入局较晚，但是在疫情期间的表现大家有目共睹，与阿里旗下的钉钉互相争食。在搜索领域，字节跳动目前虽然对百度的威胁不大，但百度依然时时刻刻关注其动态。除此之外，字节跳动旗下的文娱、教育等领域产品，使许多传统相关企业感到不安……也就是说，字节跳动的业务与许多领域巨头都有一定的冲突，同时成为它们的竞争对手，这其实也是许多企业一开始没有想到的。

### 字节跳动IPO花落谁家

从2012年创立至今，字节跳动用了8年的时间成长为庞然大物，如今大家都关注其接下来登陆资本市场的举动。从2018年开始，关于字节跳动要IPO的消息便不时传出，随着其不断地成长，最后将会在哪一个市场IPO的猜测也越来越多。与此同时，为了能够让A股留住更多的独角兽企业，中国证监会也明确表示将会对发行上市制度做出调整，字节跳动的IPO之路也可能因此多了一个选择。